Gulshan Esther / Thelma Sangster

DER SCHLEIER ZERRISS – UND SO GING ES WEITER

Verlag C. M. Fliß
Lütt Kollau 17, 22453 Hamburg

1. Auflage 1993

Originaltitel: Beyond the veil
Übersetzung: CMF-DE
Umschlag: image design
Satz: Convertex, Aachen
Druck: Printed in Germany

© 1992 by Gulshan Esther und Vita Toon,
erschienen im Verlag Marshall Pickering
© der deutschsprachigen Ausgabe
1992 by Verlag C. M. Fliß, Lütt Kollau 17, 22453 Hamburg

ISBN 3-922349-82-X

Wir informieren Sie gerne über unser Gesamtprogramm.
Postkarte genügt!

Inhalt

Für Susan,

meine treue und hingegebene Begleiterin im Werk des Herrn.

Anmerkung:

Die Namen einiger Personen und Orte sind geändert worden,
um größtmögliche Anonymität zu gewährleisten.

Kapitel 1

Richtung London

»Ma-ji, wir werden dich sehr vermissen. Komm bald wieder zu uns zurück!« tönte es im Chor aus dem Mund meiner vier Adoptivkinder Zenith, Razia, Sheila und Edwin, als wir auf dem Flughafen von Lahore voneinander Abschied nahmen. Es war Samstag, der 25. September 1962, und ich befand mich auf dem Weg nach England, mit einer Zwischenlandung und Übernachtung in Karatschi. Dort angekommen, wurde ich von meinen Freunden, dem Ehepaar Manny, sehr herzlich begrüßt, die mich mit nach Hause nahmen. Einige andere Freunde fanden sich ebenfalls ein, um diesen denkwürdigen Abend mit mir zu verbringen. Wir blieben bis spät in die Nacht hinein zusammen, beteten, sangen Chorusse und Lieder und lasen gemeinsam Gottes Wort. Meine Freunde machten sich ernstlich Sorgen, weil ich fast überhaupt kein Englisch verstand. »Schwester Gulshan, wie willst du in England zurechtkommen? Du beherrschst die Sprache nicht und kennst so gut wie niemanden dort!« Immer wieder brachten sie in ihren Gebeten den Wunsch zum Ausdruck, der Herr Jesus möge mir für die Aufgabe, die er mir zugedacht hatte, die nötige Ausrüstung geben und mich auf jedem Schritt meiner Reise begleiten.

Um 4 Uhr am Sonntag morgen machten wir uns auf den Weg zum Flughafen. Es war noch recht dunkel, dafür aber auch angenehm kühl. Während der Wagen sich die Shahrah-e-Faisal-Straße entlangquälte, schien es uns, als sei ganz Karatschi auf den Beinen. Tongas, Rikschas, Fahrräder und Fußgänger stießen und schoben sich in den Straßen, und man konnte meinen, der einzelne gehe im Gedränge unter. Es summte und wimmelte wie in einem Bienenkorb. Wie von unsichtbaren Fäden gezogen, bewegten sich die Menschen in eine ganz bestimmte Richtung.

Ich saß still auf meinem Platz und blickte aus dem Wagenfenster auf das interessante Schauspiel draußen. Dabei kam ich mir kühl und distanziert vor – so, als ständen meine Füße auf einer völlig anderen Ebene. Auch ich wurde in eine bestimmte Richtung gelenkt, aber nicht von irgendeiner unbekannten Macht und auch nicht für eine ganz gewöhnliche Aufgabe. Jesus, mein Heiland, hatte mir einen Auftrag gegeben, und diese Reise geschah auf seinen ausdrücklichen Befehl hin.

Es ist für mich stets ein schönes, erhebendes Gefühl, im ersten Morgengrauen unterwegs zu sein. Und an diesem besonderen Tag war es mir wie ein Gruß vom Himmel, als die Dunkelheit der Nacht langsam, aber sicher vom hellen Tageslicht verschluckt wurde. Die Gemeinschaft am vergangenen Abend hatte mich innerlich gestärkt, und auch jetzt fühlte ich mich von der Liebe guter Freundinnen umgeben und getragen. Mit welcher Hingabe hatten Patricia und ihre Schwester Freda meinen Koffer aus- und wieder eingepackt, um ganz sicher zu sein, daß ich auch wirklich alles hatte, was ich brauchte. Beide arbeiteten als Krankenschwestern im Jinnah-Hospital, das nach einem von Pakistans Gründervätern benannt ist. Seit jenem Tag vor fast einem Jahr, als ich für Freda gebetet hatte und sie von ihrer dämonischen Belastung geheilt worden war, bestand eine starke innere Verbindung zwischen uns dreien. Und diese menschliche Liebe war in den weitaus größeren Kreislauf der Liebe meines Heilands eingebunden.

Am Flughafen angekommen, stiegen wir aus und steuerten auf den Check-in-Schalter zu, wo ich meinen Koffer aufgab. Ich hatte wirklich »leichtes« Gepäck – im Gegensatz zu vielen anderen Reisenden, die mit Koffern und Taschen unterschiedlicher Form und Größe beladen waren. Ein ohrenbetäubender Lärm umgab uns. Über allen anderen Stimmen erhob sich eine im schrillen Diskant: »Shanti, hast du auch die Armreifen für Tantchen eingepackt?« Darauf hörte man die etwas gereizte Antwort: »Ja, das habe ich dir doch bereits sechsmal gesagt!« *Offensichtlich werden sich manche Freunde und Angehörige riesig freuen, wenn diese Leute in Europa ankommen!* dachte ich bei mir.

Für mich dagegen war es eine Reise ins Unbekannte. Ich hatte nur mit einer Familie korrespondiert, und ich würde auch nur ein einziges mir bekanntes Gesicht am Flughafen entdecken. Trotzdem war ich nicht allein! Tief in meinem Herzen wußte ich, daß Jesus bei mir war und alles, was vor mir lag, in seiner Hand hielt. »Siehe, ich bin bei euch alle Tage«, lautet die Zusage in seinem Wort.

Um 6.30 Uhr kam der Aufruf, die Maschine zu besteigen. Ich trat aus dem Flughafengebäude aufs Rollfeld hinaus. Bekleidet war ich mit einem hellblauen *shalwar kameeze,* der im Panjab üblichen Tracht, bestehend aus einem weiten Kasack über einer ebenso weiten Hose, die um die Knöchel zusammengerafft wird. Die Enden meiner *dopatta* (um den Hals geschlungenes, breites, feingewebtes Tuch) flatterten leicht im kühlen Morgenwind dieses wunderschönen Frühherbsttages. In einiger Entfernung vor mir sah ich die Boeing 747 der Pakistan International Airlines wie einen riesigen metallenen Vogel auf dem Rollfeld hocken, bereit, uns in die Lüfte emporzutragen und nach Westen zu entführen.

In der einen Hand hielt ich meine Bordtasche, und mit der anderen griff ich nach dem Geländer der Rolltreppe, während ich meinen Fuß auf die unterste Stufe setzte. Am oberen Ende stand eine Stewardeß in der eleganten weiß- grünen Uniform der pakistanischen Airline. »Willkommen an Bord«, sagte sie freundlich. Wie gut das tat, gänzlich unauffällig ein Flugzeug besteigen zu können, ohne besondere Aufmerksamkeit zu erregen oder auf jemandes Hilfe angewiesen zu sein! Anstatt, wie früher, stets mitleidige Blicke auf mich zu ziehen, wurde ich mit einem Lächeln begrüßt. Endlich war ich ein Mensch wie jeder andere, der einfach das tat, was alle anderen auch taten.

Welch ein Gegensatz zu meiner ersten Englandreise im Frühjahr 1966, als ich gerade 14 Jahre alt war! Damals war ich ein hilfloser Krüppel, linksseitig vollkommen gelähmt, Arm und Bein nur eine nutzlose Last, die es herumzuschleppen galt. Als Baby im zarten Alter von sechs Monaten hatte ich zunächst Typhus und anschließend Kinderlähmung bekommen. Ich hatte nie aufstehen und allein laufen gelernt. Der Anblick anderer Kinder, die laufen, rennen und springen konnten, und der Klang ihrer fröhlich jauchzenden Stimmen entzückte mich, tat mir aber gleichzeitig auch weh. »All diese Dinge würde ich wohl nie tun können«, hatte ich damals bei mir gedacht. Ich wußte ja nichts von Jesus Christus und hatte auch keine Ahnung, daß er eines

Tages mein Heiland und Herr werden und mich vollkommen gesund machen würde.

Sehr bald hatte ich meinen Platz im Flugzeug gefunden, es mir darauf bequem gemacht und den Sicherheitsgurt angelegt. Ich warf einen Blick auf meine Nachbarn rechts und links und mußte unwillkürlich lächeln. Diesmal waren es nicht die vertrauten Gesichter meiner beiden treuen Dienerinnen Salima und Sema, die mich ansahen und nur darauf warteten, bei der kleinsten Andeutung zu meiner Hilfe zu eilen. Ich reiste auch nicht erster Klasse mit Vaters Gestalt wohlig auf den beiden Sitzplätzen vor mir ausgebreitet. Nicht, daß ich etwas dagegen gehabt hätte! Vater war der liebste, sanfteste Mann, den ich je gekannt habe. Jedesmal, wenn ich mir seine liebevolle Fürsorge ins Gedächtnis rufe, steigen zärtliche Gefühle in mir auf. Wie geborgen war ich doch immer, wenn er in meiner Nähe war. Ich sehe ihn noch vor mir, wie er vor mir herging, immer tadellos gekleidet in seinem schwarzen, hochgeschlossenen Mantel mit den goldenen Knöpfen. Er ging immer ein paar Schritte vornweg, so als müsse er den Weg freimachen – wie ein Jäger sich mit dem Buschmesser durch dichten Urwald arbeitet.

Obwohl es bereits elf Jahre her war, seit Gott mich geheilt hatte, überflutete mich auch jetzt wieder die gleiche Freude, die ich damals empfand – Freude darüber, für mich selber sorgen und meine ureigenen menschlichen Bedürfnisse befriedigen zu können, und mein Herz quoll über vor Dankbarkeit gegen meinen Herrn, der mir dieses neue Leben geschenkt hatte. Neunzehn lange Jahre mußte ich die Schmach tragen, für den kleinsten persönlichen Wunsch Hilfe zu benötigen, doch nun war das endgültig vorbei.

Mein lieber Vater Aba-Jan hatte weder Zeit, Kraft noch Geld gescheut, um mir in meinem behinderten Zustand ärztliche Hilfe zuteil werden zu lassen. Ich war das jüngste seiner fünf Kinder, und doch hatte er mich wie seine Einzige behandelt. Er hatte immer treu zu seinem Versprechen gestanden, das ihm meine Mutter noch auf dem Sterbebett abgenommen hatte. Ihre letzten Worte waren gewesen: »Ich bitte dich, Shah-ji, heirate nicht noch einmal, um Klein-Gulshans willen!« Er hat tatsächlich nicht wieder geheiratet, obwohl der Koran es einem Mann gestattet, wenigstens vier Frauen zu haben. Ich glaube, daß er auch ohne dieses Versprechen genauso treu für mich gesorgt hätte!

Jene Reise nach London im Jahr 1966 war sein letzter verzweifelter Versuch gewesen, ärztliche Hilfe für mich zu erhalten. Ich weiß noch, welche große Hoffnung damals mein Herz erfüllte, als ich in meinem Rollstuhl auf die Gangway gehoben wurde. Dieser Rollstuhl war das beredte Zeichen meiner Behinderung und totalen Abhängigkeit. Doch die Hoffnung war ein für allemal in Stücke zerschlagen worden, als dort in unserem Hotel in London Dr. David gesagt hatte: »Dafür gibt es keine Medizin – nur Gebet.«

Für mich waren das seltsame Worte von den Lippen eines Mannes, der in Vaters Augen nichts anderes als ein Ungläubiger war. Aber mein Vater hatte sich nicht lange seiner Verzweiflung hingegeben. Er hatte dieses »letzte Wort« des Arztes mit neu erwachtem Eifer und Enthusiasmus aufgenommen und war entschlossen, es bis zum logischen Ende durchzuführen. Ich weiß noch, wie er, nachdem der Doktor gegangen war, meine leblose Hand streichelte und sagte: »Es bleibt uns jetzt nur noch eine Möglichkeit: Wir müssen an der Himmelstür anklopfen. Wir fahren nach Mekka, wie geplant. Allah wird unsere Gebete erhören, und dann kehren wir vielleicht doch noch mit Jubel nach Hause zurück.« Die Reise nach Mekka, die als Dank für in England erlebte Heilung geplant gewesen war, wurde somit zu einer Suche nach Heilung selbst.

Genau wie mein Vater und meine beiden Dienerinnen, war auch ich damals begeistert über die Aussicht gewesen, an der alljährlichen Pilgerfahrt zum Heiligtum in Mekka teilnehmen zu dürfen. Noch heute muß ich lächeln, wenn ich daran denke, wie Salima und Sema kaum ihre Freude verbergen konnten. »Welch ein Vorrecht für uns, wir dürfen mit zum Haddsch!« hatten sie jubelnd ausgerufen. »Oh, alle Mädchen aus unserem Dorf werden neidisch sein, wenn sie das erfahren!« Für sie bedeutete diese Reise die Erfüllung eines Traumes, der für die meisten Moslems unerfüllt bleibt. Nur die verhältnismäßig wohlhabenden Leute können es sich leisten, diese fünfte und letzte Säule des Islams, den Gipfel ihres Glaubens und ihrer kühnsten Erwartungen, zu erreichen.

Doch die Himmelstür, an der ich anklopfen sollte, war nicht Mekka. Als Krüppel fuhr ich nach Mekka, und als Krüppel kehrte ich nach Pakistan zurück. Ich war untröstlich – besonders als ich den Ausdruck unverkennbarer Enttäuschung auf den Gesichtern meiner Angehörigen und Freunde bemerkte. Tatsächlich war ich nun auch seelisch ein Krüppel. Alles hatten wir versucht, jede Möglichkeit der Hilfe ausprobiert, menschlicher wie auch göttlicher Art. Wir hatten in großer Treue sämtliche vorgeschriebenen Rituale erfüllt und doch erleben müssen, daß statt Hilfe nur Resignation und Verzweiflung übrigblieb.

Die bittersüße Erinnerung an meine erste Englandreise hatte für mich jetzt beinahe etwas Erheiterndes. Jene Zeiten waren endgültig vorbei! Wie ein böser Traum kamen sie mir vor. Diesmal war ich ganz allein unterwegs nach England. Gott, mein Schöpfer, war nun mein Vater, und seine Gegenwart war alles, was ich brauchte. Ich war nicht mehr auf Hilfe angewiesen, sondern ich wollte selber etwas weitergeben – eine Botschaft von meinem Herrn und Heiland Jesus Christus an sein Volk. Seine Worte hatten sich mir tief ins Herz gebrannt und kamen mir gerade jetzt wieder neu zu Bewußtsein: »Was du mit deinen Augen gesehen hast, sollst du meinem Volk weitersagen. Mein Volk ist dein Volk!«

Während ich mich bequem in meinem Sitz zurücklehnte, betete ich in meinem Herzen: »Ja, Herr, ich trage an meinem Leib die Malzeichen meiner wunderbaren Heilung, und ich gehe nach England, um deinem Volk davon zu berichten. Bitte, geh du selbst vor mir her und bereite den Weg!« Bei diesen Worten floß ein Gefühl tiefen Friedens wie ein warmer Strom über mich und hüllte mich ganz ein. Ich nahm die Decke, die man mir gegeben hatte, und zog sie ganz eng um mich, als könne ich so dieses wunderbare Gefühl für ewig festhalten.

Ein Lächeln umspielte meine Lippen. Jetzt war alles sonnenklar, aber ach, wie dunkel und schwer war es mir am Anfang erschienen! »Herr, wer ist dein Volk? Wo ist dein Volk?« Das waren die beiden Fragen, mit denen ich mich Tag für Tag, Nacht für Nacht herumgeplagt hatte.

Mein Onkel und meine Tante, entfernte Verwandte, die mein Vater samt ihren beiden Kindern in unserem Haus aufgenommen hatte, als Pakistan sich 1947 von Indien trennte, hatten nach

Vaters Tod meine Pflege übernommen. Ich weiß noch genau, was meine Tante sagte, als sie mich das erste Mal aufrecht stehen sah: »Es sieht komisch aus, wenn du stehst, Gulshan. Ich muß mich erst daran gewöhnen.« Dann fuhr sie fragend fort: »Wie kann es sein, daß dein Arm und dein Bein vollkommen normal sind, nachdem sie neunzehn Jahre lang gelähmt und verkrüppelt waren?«

»Jesus hat mich geheilt und dazu berufen, sein Zeuge zu sein«, erklärte ich ihr. Arme Tante! Noch heute sehe ich ihren verstörten Blick vor mir. »Hier in Pakistan gibt es keine Christen, denen du diese Dinge bezeugen kannst«, belehrte sie mich. »Und nach Amerika oder England wirst du doch wohl nicht gehen wollen. Dein Zeugnis sollte darin bestehen, daß du den Armen Almosen gibst. Wenn diese Leute zu dir kommen und du sie mit Nahrungsmitteln und Geld versorgst, dann ist das das beste Zeugnis.«

Verwundert hatte ich sie angesehen. Meine Tante war keine besonders gebildete Frau, aber ihre Worte bewiesen großen Scharfsinn. Für sie war es undenkbar, daß eine moslemische Frau jemals die Sicherheit ihres Hauses, ihrer Familie und Freunde aufgeben und losziehen könnte, um zu predigen – schon gar nicht im Ausland! So hatte sie für mich die Entscheidung getroffen, was ich tun sollte: den Armen Almosen *(zakat)* geben. Natürlich konnte sie nicht wissen, daß man mich eines Tages enterben und ich dann selber zu den Armen gehören würde. Doch meine Armut würde mich nicht dazu treiben, selber um Almosen zu betteln, sondern ich würde, so wie damals die Apostel Petrus und Johannes an der Tempeltür, zu den Armen sagen: »Silber und Gold habe ich nicht ...« – und ihnen dann die Erlösung anbieten, die Jesus Christus am Kreuz für uns erworben hat.

Mein Vater, ein wohlhabender Großgrundbesitzer und Baumwollfarmer, war wegen seiner Freigebigkeit berühmt gewesen. Er hatte sein Bestes getan, um diese dritte Säule des Islams zu erfüllen. Almosengeben war dazu gedacht, den Geber zu läutern. Trotzdem ging es meiner Tante nicht in erster Linie um meine »Läuterung«. Sie hatte überhaupt nichts dagegen, daß ich den Auftrag Jesu ausführte – solange ich es von meinen eigenen vier Wänden aus tat.

Das hatte mir sehr zu schaffen gemacht. Jesus hatte mir ausdrücklich befohlen: »Du sollst es meinem Volk weitersagen!« Wie konnten damit die armen Moslems gemeint sein, die beständig an meine Tür klopften und um Almosen baten – Almosen, auf die sie ein Recht zu haben glaubten, weil der Koran die Reichen ermahnt, ihren Reichtum mit den Armen zu teilen!? Ich hatte den Verdacht, daß Tante von der unausgesprochenen Furcht beseelt war, ich könnte dem Glauben der Väter untreu werden, und das wollte sie unter allen Umständen verhindern. Nach dem Tod meines Vaters hatte ich weiterhin jedes Jahr 50000 Rupien an Almosen gegeben und diese Summe zwei oder drei Wochen nach meiner Heilung nochmals um 10000 Rupien erhöht. Das hatte meinem Onkel, der nun meine finanziellen Angelegenheiten regelte, sehr gefallen.

»Hör zu, Gulshan«, hatte er gesagt, »was immer es ist, das Jesus von dir fordert, gib es ihm, es sei Geld oder Grundbesitz, aber verlaß dein Land und deine Religion nicht, und gib dich vor allen Dingen nicht selber!«

Ähnlich drückte sich auch mein ältester Bruder Safdar Schah aus, und ich meinte sogar, einen warnenden Unterton aus seiner Stimme herauszuhören: »Jesus hat seine Anhänger in England, den USA und Kanada. Das sind christliche Länder. Bestimmt wirst du nicht dorthin reisen wollen, um zu erzählen, wie Jesus dich geheilt hat! Auf alle Fälle wäre es klüger, dies hier nicht so laut herauszuposaunen.« Also war es auch nichts damit, den Armen, die um Almosen baten, etwas von der Sache zu erzählen!

Dieser Art waren die Ermahnungen und Warnungen gewesen, die ich von meiner Familie im Hinblick auf den Auftrag meines Herrn erhalten hatte. Ich war immer verwirrter und bestürzter geworden. In meiner Verzweiflung hatte ich laut zu Jesus gerufen: »Zeig mir deinen Weg! Sag mir, was ich tun soll!« Und er hatte mir auf wunderbare Weise geantwortet.

Als ich wieder einmal im Gebet war und aufblickte, gewahrte ich eine Nebelsäule, die vom Boden des Zimmers bis zur Decke reichte. Jesus war in dem Nebel. »Komm zu mir!« sagte er. Voller Freude erhob ich mich von meinen Knien und ging auf ihn zu. Er streckte seine Hand nach mir aus, und ich fühlte mich emporgehoben in die Luft. Ich hatte die Augen geschlossen, und als ich sie wieder öffnete, stand ich auf einer weiten Ebene, die

14

sich bis in die Ferne erstreckte. Sie war grün und frisch, und ich sah viele Leute darauf, einige nah, manche weit entfernt. Jeder von ihnen trug auf seinem Kopf eine Krone, und es ging ein Strahlen von ihnen aus, das meinen Augen weh tat.

Ich hörte die Klänge wunderbarer Musik, und die Leute sangen »Heilig« und »Halleluja«. Das waren ganz neue Worte für mich. Ich erkannte, daß sie auf Jesus blickten. »Er ist das geschlachtete Lamm«, sagten sie, »er lebt!« Und Jesus sprach: »Dies ist mein Volk. Diese Menschen sagen die Wahrheit. Sie wissen, wie man betet, denn sie glauben an den Sohn Gottes.«

Nun wußte ich, daß »sein Volk« die Christen waren. Ihnen sollte ich seine Botschaft weitersagen. Endlich war mir alles klar! Ich wußte, zu wem ich gehen mußte. Diese Erleuchtung bedeutete eine solche Erleichterung für mich, daß mein Herz vor Freude jubelte. Doch damit waren die Kämpfe noch längst nicht vorbei. Noch wußte ich nicht, *wohin* ich gehen sollte. Das würde ich erst ganz langsam und unter Schmerzen herausfinden.

Nachdem ich getauft worden war, wollte ich gern mein Zeugnis und die Botschaft Jesu in den Versammlungen der Christen in Pakistan weitergeben, aber davon riet man mir ab. Der Pastor sagte: »Ich glaube nicht, daß du schon so weit bist. Du kannst vorerst im Haus ein Zeugnis sein. Gott wird das bestimmt annehmen.« Einige Zeit später besorgte er mir eine Arbeitsstelle als Hausmutter in der »Sunrise School for the Blind«.

Wenn ich heute zurückdenke, war dies eine Erfahrung, die mich gelehrt hat, wie man auch in Trübsal und Leid fröhlich sein kann. Die Jungen und Mädchen in der Blindenschule verbrachten ihre Zeit nicht damit, unter der Last ihrer Blindheit zu stöhnen und zu klagen. Sie entdeckten vielmehr bisher ungeahnte Fähigkeiten in sich selber, durch die sie auf andere Weise glücklich sein konnten. Auch für mich sollte die Zeit kommen, da ich diese tiefinnere Freude und Zufriedenheit erleben würde.

Meine nächste Arbeitsstelle war schon etwas ausgefallener. Ich wurde als Reporterin für eine Wochenzeitschrift eingestellt, deren Büroräume in Old Anarkali Bazaar lagen. Da ich unbedingt Geld verdienen mußte, nahm ich den Job mit Freuden an. Hier lernte ich, Menschen zu interviewen und genau festzuhalten, was man mir sagte. Das sollte sich als unschätzbarer Vorteil

15

erweisen, als ich später mein erstes Buch *The Torn Veil* (»Der Schleier zerriß«) schrieb.

Was mir zuerst wie Ablenkungsmanöver von meiner eigentlichen Aufgabe erschienen war, erwies sich letzten Endes als Wege, die der Herr gebrauchte, um mich auf meinen zukünftigen Dienst vorzubereiten. Ich lernte es, mich ihm bedingungslos auszuliefern und in jeder Situation mit Freuden zu dienen. Dabei mußte ich jedoch stets auf der Hut sein, daß ich auch ja ganz nahe an seiner Seite bliebe, um nicht von dem Pfad abzukommen, auf dem ich gehen sollte. Ich mußte so stark werden wie die ersten Apostel, die mit den gleichen Schwierigkeiten konfrontiert waren, als die hellenistischen Christen anfingen zu murren, weil ihre Witwen bei der täglichen Bedienung übersehen wurden. Was taten die Apostel damals? Sie riefen die Leute zusammen und sagten: »Es ist nicht recht, daß wir das Wort Gottes vernachlässigen.« Dann fügten sie hinzu: »Wir aber werden im Gebet und im Dienst des Wortes verharren.«

Nicht, daß mich die Aussicht, als »Reiseprediger« umherzuziehen, besonders gereizt hätte. Ich bin schon immer ein eher schüchterner und zurückhaltender Mensch gewesen. Diese natürliche Schüchternheit war durch die langen Jahre, die ich als Krüppel zubringen mußte, noch verstärkt worden. In der Öffentlichkeit zu sprechen, war mir im Grunde wesensfremd. Aber ich sollte sehr bald erfahren, daß wir, wenn Jesus uns zu »neuen Kreaturen« macht, tatsächlich neu werden.

Am 31. Dezember 1975 erhielt ich meine erste Einladung zum Predigen. Ich sollte in der Methodistenkirche des »Foreman Christian College« in Lahore sprechen. Viel Zeit blieb mir nicht, um über die Folgen einer Zusage nachzudenken, denn ich mußte mich bis zum darauffolgenden Tag, also dem 1. Januar 1976, entscheiden. Das war der Anfang meines Reisedienstes durch ganz Pakistan, bei dem ich in den unterschiedlichsten Gemeinden und Gruppen sprach oder Bibelarbeiten durchführte. Auf diese Weise kam ich bis nach Murree, einer 2 600 m hoch gelegenen Stadt in den Ausläufern des Himalajagebirges. Später wurde Rawalpindi mein Standquartier, von dem aus ich nach Karatschi und zu vielen anderen Orten reiste.

Doch nun schrieben wir, wie gesagt, September 1982, und ich reiste in 10 000 m Höhe mit einer Geschwindigkeit von 800 km/h nach Westen – in das Land, wohin ich nach Meinung meiner Familie niemals hätte gehen dürfen. Im Nachsinnen über diese bemerkenswerte Veränderung der Ereignisse – und als Folge des guten Essens im Flugzeug – muß ich wohl eingeschlafen sein. Das nächste, woran ich mich erinnern kann, ist die Stimme des Piloten, der uns mit knappen, klaren Worten darauf hinwies, daß wir in Kürze auf dem Flughafen London-Heathrow landen würden. Mit einem Schlag war ich hellwach. Nun gab es kein Zurück mehr! Für einen kurzen Moment wollte meine natürliche Schüchternheit an die Oberfläche kommen, aber dann erinnerte ich mich an die Zusage Jesu: »Ich bin bei euch alle Tage«, und schöpfte daraus neuen Mut.

Kapitel 2

Ankunft

Nach einer, wie es mir schien, ziemlich langen Zeit öffnete sich die Tür der Maschine, und wir konnten aussteigen. Im Flughafengebäude folgten wir dann den Hinweisschildern zur Einwanderungs- und Paßkontrolle. Ein Gefühl tiefer Freude stieg in mir auf. Endlich würde ich den Auftrag ausführen können, den Jesus mir gegeben hatte! Ich wartete geduldig mit den anderen in der Schlange, die sich vor den Schaltern gebildet hatte. In den darauffolgenden Monaten sollte ich die »Hochheiligkeit« des Schlangestehens in England noch besser kennenlernen. Keiner schiebt oder stößt den anderen – und schon gar keiner drängt sich vor. Er müßte sonst damit rechnen, von bösen Blicken getroffen, tot umzufallen!

Endlich war ich an der Reihe und reichte der Beamtin, die eine asiatische Übersetzerin bei sich hatte, meinen Paß zusammen mit dem losen Visum. Sie sah mich mit ernstem Gesicht ohne eine Miene zu verziehen an und sagte ziemlich streng: »Sie können sechs Monate in England bleiben, dann müssen Sie das Land verlassen!« »Warum sie mich wohl so böse ansieht und so befehlend mit mir spricht!« dachte ich bei mir. Laut sagte ich: »Ich möchte gar nicht länger als drei Monate im Land bleiben.« So sicher war ich, daß dann mein Auftrag erfüllt und ich wieder auf dem Weg nach Pakistan sein würde. »Was mich auch hier in England erwarten mag«, dachte ich zuversichtlich, »es wird bestimmt nicht lange dauern!« Nicht, daß ich vorher über diese Sache nachgedacht hätte. Warum ich das mit den drei Monaten überhaupt sagte, weiß ich eigentlich gar nicht.

Die Paßbeamtin war platt. »Wieso wollen Sie nur drei Monate bleiben, wenn Sie ein Visum für sechs Monate haben?« fragte sie. »Die meisten Leute versuchen, länger zu bleiben. Sie sind die erste, die jemals so etwas zu mir gesagt hat!« Wahrscheinlich muß ich ihr etwas sonderbar vorgekommen sein in meinem *shalwar kameeze* mit dem weißen Mantel darüber und besonders mit der dunklen Brille, die ich trug. »Was wollen Sie denn hier machen?« fragte die Übersetzerin mich neugierig. »Gott dienen«, erwiderte ich furchtlos. Die Antwort, die nun folgte, hatte ich fast erwartet: »Wie können Sie Gott hier dienen? Sie sprechen kein Englisch und sind überhaupt nicht mit den Sitten und Gebräuchen der Leute hier vertraut.«

Hatte ich diese Worte nicht schon einmal gehört? Wie hatte doch der britische Konsul in Islamabad gesagt: »Sie sprechen kein Englisch. Wie können Sie da in England predigen?« Daß ich kein Englisch sprach, stimmte leider. Vater hatte es meiner Lehrerin Razia ausdrücklich verboten, mir die Sprache der »Ungläubigen« beizubringen. Er wollte verhindern, daß ich mich mit ihrem Unglauben infizieren und so vom wahren Glauben abgezogen werden könnte. Doch er hatte genausowenig wie die zwei Frauen da vor mir gewußt, was Jesus alles tun kann. Wenn er einen Menschen beauftragt, etwas in seinem Namen zu tun, dann überläßt er ihn nicht blindlings seinem Schicksal, sondern gibt ihm die nötige Ausrüstung, die er zur Erfüllung seiner Aufgabe braucht.

Mit einem schelmischen Blinzeln sah ich die Beamtin an. Nur schade, daß sie es wegen der dunklen Brille nicht sehen konnte! »In Pakistan«, bemerkte ich, »hatte ich genau das gleiche Problem. Die Moslems haben weder mich noch das, was ich sagen wollte, verstanden. Wahrscheinlich wird es mir hier nicht viel anders gehen!« Als die Übersetzerin der Paßbeamtin meine Worte erklärt hatte, mußte diese lachen. Dann stempelte sie mir die Aufenthaltsgenehmigung für drei Monate in meinen Paß ein. Ich denke, unsere kleine Unterhaltung hatte die eintönige Routine ihrer Arbeit für einen kurzen Moment unterbrochen. Innerlich schmunzelnd, steuerte ich nun auf das Förderband zu, um mein Gepäck in Empfang zu nehmen.

Mit meinem Koffer ging ich anschließend durch den »grünen« Gang der Zollstelle. Es war nicht nötig, daß ich das Schild mit der Aufschrift »Nichts zu verzollen« lesen konnte – Vater hatte mir bei meinem ersten Englandbesuch genau erklärt, was es bedeutete. Zu verzollen hatte ich nichts, nur etwas zu verkünden – aber das interessierte die Behörden wohl nicht besonders!

Als ich den Ausgang erreicht hatte, wurde ich von einem Meer von unbekannten Gesichtern empfangen. Eifrig schaute ich um mich, um denjenigen zu entdecken, dessen Gesicht mir als einziges vertraut sein würde. Dann sah ich ein Schild, das hoch über die Köpfe der Menge gehalten wurde und in großen Buchstaben meinen Namen trug. Und tatsächlich, da war er, der hochgewachsene, magere Engländer Pater Bernard persönlich!

Er trat auf mich zu, um mich zu begrüßen. »Schwester Gulshan! Endlich sind Sie da! Ich kann Ihnen gar nicht sagen, wie ich mich freue, Sie wiederzusehen!«

»Pater Bernard«, erwiderte ich herzlich, »dies ist auch für mich ein wunderbarer Tag. Ich freue mich von Herzen, daß unser Herr Jesus Christus mir die Erlaubnis gegeben hat, hierherzukommen. Sie wissen so gut wie ich, daß dies zu seinem Plan gehört.« »Ja«, gab er zur Antwort, »ich wußte es, sobald ich Sie das erste Mal gesehen hatte.«

Das war vor einem Jahr gewesen. Pater Bernard, ein anglikanischer Priester der »Kommunität der Auferstehung« in Mirfield/West-Yorkshire, war gerade zu Besuch in Pakistan. Er wohnte bei seinem Freund, einem katholischen Missionar, in der Provinz Sind. Als dieser Freund krank wurde, brachte Pater Bernard ihn ins St. Raphael-Hospital in Faisalabad. Ich muß dazusagen, daß er bereits in England mein Zeugnis auf Kassette gehört hatte, aber nicht wußte, wo ich wohnte. Im Krankenhaus angekommen, fragte er die belgische Ärztin Dr. Elisabeth: »Kennen Sie vielleicht zufällig eine Schwester Gulshan?« Freudig überrascht, erwiderte Dr. Elisabeth: »Ob ich sie kenne? Sie ist meine beste Freundin! Dieses Krankenhaus ist praktisch ihr zweites Zuhause. Sie wohnt ganz in der Nähe.«

Pater Bernard wußte sich vor Freude kaum zu fassen. »Könnten Sie mir behilflich sein, sie möglichst bald kennenzulernen?« bat er. »Selbstverständlich! Das werde ich umgehend tun.« Zenith, eine meiner Adoptivtöchter, arbeitete als Schwester in diesem Krankenhaus. Dr. Elisabeth ließ sie holen. »Zenith, nehmen Sie bitte meinen Wagen und sagen Sie dem Fahrer, er solle Sie zu Ihrer Mutter bringen und sie hierherholen!« sagte sie. Als Zenith nach Hause kam, war ich total überrascht. »Was machst du denn hier?« fragte ich, in der Annahme, es sei irgend etwas passiert. »Geht es dir nicht gut? Du bist doch erst vor ein paar Minuten zur Arbeit gegangen!«

Zenith verschwendete keine Zeit mit langatmigen Erklärungen. »Dr. Elisabeth schickt mich zu dir. Du sollst sofort ins Krankenhaus kommen. Ein Pater Bernard aus England ist da, der dich sprechen möchte. Er hat schon viel von dir gehört und will dich unbedingt kennenlernen.« Verblüfft folgte ich Zenith zum Auto, und wir brausten los. Natürlich hatte ich keine Ahnung, daß diese Begegnung die Richtung meines Lebens total verändern würde.

Wir kamen gerade zur Teezeit im Krankenhaus an. Dr. Elisabeth hatte bereits den Tisch mit belegten Broten und Gebäck gedeckt, um den englischen Gast in angemessener Weise zu begrüßen. Freudestrahlend kam der hochgewachsene, magere Mann auf mich zu. »Gott sei Dank, daß Sie da sind!« empfing er mich. »Ich betrachte es als echte Führung Gottes, daß ich ausgerechnet hierherkommen mußte!« *Was hatte das zu bedeuten?* fragte ich mich. Wieso betrachtete er es als Führung Gottes, hierherzukommen und mit mir zu sprechen? Es blieb mir jedoch keine Zeit, lange über diese Fragen nachzudenken. Pater Bernard brachte zunächst sein vordringliches Anliegen vor. »Würden Sie bitte für meinen Freund beten?« fragte er mich. »Er hat ganz schreckliche Magenschmerzen, und nichts scheint dagegen zu helfen.«

»Selbstverständlich werde ich für Ihren Freund beten«, erwiderte ich. Ich legte dem Kranken die Hände auf und betete, daß der Herr Jesus seinen Leib mit seiner wunderbaren Heilungskraft durchströmen und ihn ganz gesund machen möge. Als Dr. Elisabeth den Patienten etwas später untersuchte, konnte sie nichts feststellen. »Haben Sie immer noch Schmerzen?« wollte sie wissen. »Nein«, entgegnete der Missionar, »seit Schwester Gulshan mir die Hände aufgelegt hat, habe ich keine Schmerzen mehr. Ist das nicht wunderbar? Ich glaube, Gott hat mich geheilt!«

Diese kurze Begegnung machte Pater Bernard klar, was er als nächstes zu tun habe. Wir kamen überein, daß wir uns am folgenden Vormittag um 10 Uhr nochmals im Krankenhaus treffen wollten. Sobald er mich sah, begann er: »Ich sehe, daß Gott seine Hand auf Sie gelegt hat. Ich habe Ihr bemerkenswertes Zeugnis bereits in England auf Kassette gehört, aber nun habe ich mit eigenen Augen gesehen, was Gott durch Sie tut. Bitte, kommen Sie nach England und erzählen Sie uns, was Gott Ihnen aufs Herz gelegt hat!«

Nach England? Ich wollte meinen Ohren nicht trauen. Ausgerechnet an den Platz sollte ich reisen, den mir meine Verwandten verboten hatten? War dies wirklich Gottes Wille für mich?

Nach kurzem Zögern antwortete ich: »Vielen Dank für Ihre freundliche Einladung, Pater Bernard! Aber ich muß zuerst Jesus fragen. Wenn er mir die Erlaubnis gibt, werde ich nach England kommen. Ich weiß nicht, wie lange es dauern wird; aber ich tue nichts, ohne daß der Herr mir grünes Licht dafür gegeben hat. Sobald ich das habe, werde ich Ihnen schreiben. Bitte, lassen Sie mir Ihre Adresse da.«

Zu meiner Überraschung schien er mir mein Zögern nicht zu verübeln. »Würden Sie das bitte meinen Freunden in Huddersfield mitteilen?« bat er mich. »Sie haben mich ausdrücklich gebeten, mit Ihnen Verbindung aufzunehmen.« Diese Bitte konnte ich ihm nicht abschlagen. Ich schrieb an meine Geschwister im fernen England, daß ich sie besuchen würde, sobald der Herr mir diesbezüglich seinen Willen klargemacht habe. Weiter ermutigte ich sie, treu für den Herrn Jesus Christus zu zeugen. Das war der Beginn meines einjährigen Briefwechsels mit Onkel Hassan.

Bis zu diesem Zeitpunkt war ich sehr froh darüber gewesen, wie gut sich meine Arbeit in Pakistan entwickelt hatte. Immer wieder hatte ich Gelegenheit, Jesus bei Konferenzen und Tagungen zu bezeugen. Ich durfte bei evangelistischen Veranstaltungen sprechen sowie Bibelstunden in Gemeinden abhalten. Bei allem, was ich tat, war es mein einziger Wunsch, Jesus Christus gehorsam zu sein.

> Folgen und trau'n
> Führt zum Siegen und Schau'n.
> Willst du Frieden der Seele,
> Mußt du folgen und trau'n.

Dieses wunderschöne Lied hatte ich gleich zu Beginn meines Christenlebens gelernt. Pakistan zu verlassen, ohne zuerst den

Willen Jesu zu erfragen, war für mich undenkbar. Ich betete ernstlich, er möge mich in dieser Angelegenheit recht leiten, und überließ im übrigen alles ihm. Von Herzen war ich bereit, seine Antwort zu akzeptieren, egal, wie sie ausfallen würde.

Mehrere Monate vergingen, und ich war in der Sache immer noch keinen Schritt weitergekommen. Es gab sogar Zeiten, in denen ich den Eindruck hatte, es sei nicht Gottes Wille, daß ich nach England ginge – trotz der dringenden Bitten von seiten Onkel Hassans. Aber Gott wirkt oft auf geheimnisvolle Weise, und sein Zeitplan entspricht manchmal so gar nicht unserem eigenen.

Ein Jahr später hatte ich wie gewöhnlich um 3 Uhr morgens meine Gebetszeit. Plötzlich hörte ich eine Stimme: »Geh nach England. Ich werde mit dir sein.« Bei diesen Worten waren all meine Zweifel verflogen. Ich schrieb sofort einen Brief an Onkel Hassan, glücklich darüber, daß ich ihm und den anderen nun endlich die Antwort geben konnte, auf die sie so lange gewartet hatten. »Mein Meister hat mir die Erlaubnis gegeben, nach England zu fahren. Bitte, schickt mir eine Bürgschaft und eine Rückflugkarte.«

Alle Ampeln standen auf Grün. Jetzt brauchte ich nur noch ein Visum. Ich ging zum britischen Konsulat in Islamabad. In Anbetracht des klaren göttlichen Befehls, den ich erhalten hatte, war das, was nun folgte, für mich kaum zu fassen. »Weshalb wollen Sie nach England fahren?« fragte mich der Konsul nicht gerade freundlich. »Um zu predigen«, erwiderte ich ruhig. Er war sichtlich überrascht. Eine solche Antwort hatte er wohl nicht erwartet. Wenn ich gesagt hätte: »Um zu studieren« oder »um meine Familie zu besuchen«, hätte er vielleicht mehr Verständnis aufgebracht und eine andere Haltung eingenommen. Doch so meinte er eher spöttisch: »Missionare kommen gewöhnlich aus England nach Pakistan, nicht umgekehrt! In England gibt es genug Prediger, da brauchen Sie nicht auch noch hin. Und außerdem, wie wollen Sie dort predigen? Sie sprechen ja gar kein Englisch!«

Das Ende vom Lied war, daß er sich weigerte, mir ein Visum auszustellen. Ich legte die Sache in die Hand Jesu. Schließlich hatte er mir gesagt, ich solle nach England gehen. Er würde einen Weg finden, wie das möglich war. Ich weiß noch, daß ich sehr großen Frieden im Herzen verspürte, als ich aus der Tür des Konsulats trat. Über mein Leben hatte ein Größerer zu bestimmen als der britische Konsul! – Das war im Februar 1982.

In den folgenden drei Monaten setzte ich meine Predigtreisen in verschiedenen Teilen Pakistans fort. Jesus sagte kein Wort mehr über England. Im Sommer befand ich mich gerade in Karatschi, wo ich zu sprechen hatte, als ein weiterer Brief aus Huddersfield eintraf, in dem ich aufgefordert wurde, meinen Flug zu buchen. Das tat ich auch! Visum hin, Visum her – ich ging zum Büro der Pakistan International Airlines und buchte meinen Flug nach London. Dann schrieb ich Onkel Hassan einen Brief, in dem ich ihm den Tag und die Uhrzeit meiner Ankunft mitteilte.

Ich hatte indessen nicht vor, das Gesetz zu übertreten oder etwas gegen die üblichen Verfahrensweisen zu unternehmen. So beschloß ich, noch einen zweiten Versuch zu wagen, an mein Visum heranzukommen: Ich ging zur englischen Botschaft in Karatschi. Wie überrascht und erfreut zugleich war ich, als ich feststellte, daß der Sohn einer christlichen Familie, bei der ich im vergangenen Jahr gewohnt hatte, dort arbeitete! »Was machst du denn hier?« erkundigte er sich und grinste von einem Ohr zum anderen. Ich erklärte ihm, worum es ging. »Überlaß das nur mir«, meinte er beruhigend. Er nahm meine Papiere und ging damit zum Botschafter, dem er auch den Brief übersetzte, den ich von meinen Freunden in Huddersfield erhalten hatte. Der Botschafter war selbst Christ, ein netter, freundlicher Mann, der von meinem Zeugnis sehr beeindruckt war. Ohne zu zögern, stellte er mir ein Visum für sechs Monate aus! Innerhalb von nur einer Woche hatte ich alles beieinander, was ich brauchte. Wie konnte ich da noch den leisesten Zweifel hegen, daß Gott vor mir hergegangen war und den Weg bereitet hatte?

Als Pater Bernard und ich uns also an diesem Septembertag im Jahr 1982 begrüßten, geschah das in der Gewißheit, daß der Vater im Himmel in und durch uns wirkte. Doch der Priester war nicht allein gekommen. In seiner Begleitung befanden sich Anwar Kumar, Eric und Jacob, die drei Söhne von Onkel Hassan. Onkel Hassan und ich hatten es nicht nötig, einander offiziell vorgestellt zu werden. Wir sahen uns nur an – und erkannten uns sofort als Briefpartner. Dilip Kumar war es übrigens gewe-

24

sen, der mir die Bürgschaft für mein Visum geschickt hatte, und ich bedankte mich herzlich bei ihm.

»Es tut mir sehr leid, Schwester Gulshan«, sagte Pater Bernard dann zu mir, »aber ich kann Sie heute abend nicht auf Ihrer Reise nach Norden begleiten. Ich habe noch einen wichtigen Termin in London, aber sobald ich wieder in Huddersfield bin, komme ich Sie besuchen.«

Die drei Brüder und ihr Vater nahmen mich mit ins Parkhaus, wo ihr Minibus stand. *Welch eine Art und Weise, mein Leben hier zu beginnen!* dachte ich. Ich, eine moslemische Frau, sollte allein mit vier Männern in einem Auto reisen! Der *purdah,* das streng-orthodoxe islamische Gesetz der Schiiten, galt hier ganz offensichtlich nicht! Doch schon nach kurzer Zeit fing ich an, mich in der Gesellschaft meiner Mitfahrer wohlzufühlen. Wir sprachen die gleiche Sprache und konnten uns deshalb frei und mühelos unterhalten. Die Sprachbarriere, die von Anfang an das größte Hindernis für meine Englandreise gewesen war, hatte für den Augenblick an Bedeutung verloren. Noch vor wenigen Minuten waren wir uns vollkommen fremd gewesen, und jetzt fühlten wir uns bereits wie Geschwister. Unsere angeregte, fröhliche Unterhaltung dauerte die ganzen beinahe drei Stunden Fahrzeit nach Huddersfield an. Ich sah ganz klar die Hand Jesu in diesen Dingen. Er selbst war es, der unsere Herzen bewegte und uns so schnell zu guten Freunden werden ließ.

Es dauerte gar nicht lange, da kam die Frage, die ihnen allen im Herzen gebrannt hatte, zur Sprache. »Schwester Gulshan, war es wirklich so, wie du es auf der Kassette berichtet hast? Ist Jesus dir wirklich in deinem Zimmer erschienen und hat dich geheilt?«

Ich mußte lächeln. Es war ja nicht so, daß diese Brüder in Christus die Wahrheit dessen, was ich gesagt hatte, anzweifelten. Sie wollten lediglich die Geschichte noch einmal aus meinem eigenen Mund bestätigt hören. Auf diesen Augenblick hatten sie lange genug gewartet. »Ja«, erwiderte ich freundlich, »Jesus ist mir wirklich in meinem Zimmer erschienen und hat mich mit seiner wunderbaren Heilungskraft angerührt. Er hat mich vollkommen gesund gemacht. Gepriesen sei sein Name!« »Gepriesen sei sein Name!« wiederholten die anderen im Chor. Für den

Augenblick waren sie zufrieden. Und weiter ging es in schneller Fahrt über die Autobahn nach Norden.

An einer Raststelle hielten wir an, um eine Tasse Tee zu trinken. Ich hatte den Eindruck, daß wir irgendwie auffielen, denn wir waren die einzigen Asiaten im Raum. Alle anderen waren Europäer. Für mich war es etwas ganz Neues, Männer und Frauen zusammensitzen und ungezwungen miteinander reden zu sehen. In Pakistan sitzen die Familien gewöhnlich getrennt, jede in ihrer Nische für sich. Als Anwar mir Tee eingießen wollte, war ich plötzlich sehr schüchtern und verlegen. Einen derart freien Umgang mit Männern kannte ich nicht. Eric war der Einfühlsamste unter den vieren. Als er meine Verlegenheit bemerkte, legte er mir beruhigend die Hand auf den Arm und sagte: »Schwester Gulshan, wir sind doch deine Brüder! Du bist hier in England!« *Ja, natürlich,* dachte ich, *ich bin hier in England. Kein Wunder, daß meine Familie nicht wollte, daß ich hierherkam!* Doch diese anfängliche Reaktion auf das Leben ohne Schleier, ohne *purdah,* wurde nach und nach schwächer. Ich lernte es, mich an der Freiheit, die Jesus mir geschenkt hatte, zu freuen. Er selbst war es doch, der den Schleier zerrissen hatte. Wie sollte ich da versuchen, mich von neuem dahinter zu verstecken?

Als wir wieder ins Auto stiegen, um unsere Fahrt fortzusetzen, war es bereits ziemlich dunkel, und ich konnte nicht viel von der Landschaft draußen sehen. Die weitere Unterhaltung drehte sich hauptsächlich um die Familien meiner Begleiter, ihre Frauen und Kinder. Als wir unser Ziel erreicht hatten, war mir, als würde ich sie alle bereits sehr gut kennen.

Kapitel 3

In Huddersfield

Gegen 22.30 Uhr kamen wir in Huddersfield an. Eric parkte den Minibus vor seinem Haus, das in einer Sackgasse lag. Es war eine Doppelhaushälfte mit vier Zimmern, Küche und Bad. Seine Frau Elizabeth begrüßte uns nach guter indischer Sitte an der Haustür. Es gehört sich so, daß man seine Gäste an der Tür empfängt, auch wenn es spät in der Nacht ist. Ihre beiden Kinder, ein vierjähriger Junge und ein fünfjähriges Mädchen, schliefen bereits. Doch Anwar Kumars Frau, seine Tochter und drei Söhne waren gekommen, um mich willkommen zu heißen. Jacobs sowie Onkel Hassans Frau waren gerade zu Besuch in Pakistan.

Elizabeth hatte Pilau (ein orientalisches Gericht) mit Hühnerfleisch und süßen Reis für uns gekocht, und bald saß ich am Tisch, um meine erste Mahlzeit in England einzunehmen. Wir blieben noch bis halb ein Uhr zusammen. Wie zu erwarten, ging es bei der Unterhaltung zunächst um das, was meine Gastgeber am meisten interessierte – meine Begegnungen mit Jesus Christus. Ich muß ihnen vorgekommen sein wie ein Mensch aus dem 1. Jahrhundert, der den Seiten des Neuen Testaments entstiegen war. Ich hatte Jesus gesehen und mit ihm gesprochen!

Sie hatten zwar selbst auch schon erlebt, wie Kranke in Versammlungen durch den Dienst von Menschen geheilt worden waren, die Jesus mit einer besonderen Kraft ausgerüstet hatte. Aber in meinem Fall war überhaupt kein menschlicher Vermittler dagewesen. Jesus hatte mich ganz persönlich angerührt. Und das, noch bevor ich überhaupt Christ gewesen war! Das war das Außergewöhnliche, das eigentliche Wunder. Ich war deshalb gar nicht erstaunt, als sie mich baten: »Bitte, verzeih uns, wenn wir so fragen, Schwester Gulshan, aber erzähl uns doch noch einmal, wie du Jesus das erste Mal begegnet bist. Erzähl uns alles von Anfang an!«

Und so begann ich, zunächst von der Nacht nach der Beerdigung meines Vaters zu berichten. »Soweit ich zurückdenken kann, hielt ich gewohnheitsmäßig um 3 Uhr morgens meine Gebetszeit ab. An jenem Tag jedoch lag ich zunächst eine Weile ganz still und wartete darauf, die Geräusche der Diener im Haus zu hören, die sich für den Tag fertig machten. Verzweiflung erfüllte mein Herz. Ein Gedanke kam immer wieder: die Sinnlosigkeit meines zukünftigen Lebens. Es war völlig unlogisch, daß ich, ein Krüppel, weiterleben sollte, während Vater, der so gut und lieb gewesen war, sterben mußte. Warum war ich nicht an seiner Stelle gegangen? Mich hätte die Welt nicht vermißt! Was sollte ich noch hier?

›Allah‹ sagte ich laut, ›ich möchte nicht noch dreißig Jahre so weiterleben müssen. Bitte, bring mich zu Vater. Mit ihm zusammen werde ich wenigstens glücklich sein.‹«

»Du mußt wirklich todunglücklich gewesen sein, um so zu beten«, warf jemand aus der Runde ein.

»Ja, das stimmt. Ich hatte sogar Selbstmordgedanken. Gott schwieg und schien so weit weg zu sein. Ich hatte nicht das Gefühl, daß er mir helfen wollte, deshalb meinte ich, mich auf andere Weise von meinem Elend befreien zu müssen. Ob ich mich erhängen sollte? Aber das war unmöglich mit nur einem Arm. Und wie ich an Gift oder an ein Messer herankommen sollte, wußte ich auch nicht.«

»Was für ein schrecklicher Gedanke! Du hättest weder deinen Vater noch deine Mutter im Paradies wiedergesehen, wenn du dir selbst das Leben genommen hättest.«

»Das ist wahr. Als Angehörige einer *Sayed*-Familie (direkte Nachkommen des Propheten Mohammed) wußte ich, daß ich automatisch ein Recht auf Eingang ins Paradies hatte, selbst wenn ich nicht sämtliche Anweisungen des Islams befolgte. Doch der Selbstmord hätte mich unweigerlich um dieses Recht gebracht. Ich erinnerte mich an die Szene am Sterbebett meines Vaters. Unter Tränen hatte ich zu ihm gesagt: ›Vater, wenn du von mir gehst, werde ich dir folgen.‹ Schwach, wie er war, hatte mein Vater erwidert: ›Du darfst dir nicht das Leben nehmen, Gulshan. Das ist Sünde. Wenn du Selbstmord begehst, kommst du in die Hölle. Versuche, ein anständiges Leben zu führen, dann werden wir einmal alle mit deiner Mutter zusammen sein.‹ Aber meine Verzweiflung kannte keine Grenzen. In mir und um mich war alles finster und trostlos, und die Tränen flossen unaufhörlich. Der Tod schien mir der einzige Ausweg zu sein. Laut rief ich aus: ›Oh, ich möchte sterben! Ich will nicht länger leben!‹

In diesem Moment verspürte ich etwas, was mir noch nie begegnet war. Fragt mich nicht, woher das Gefühl kam – aber tief in meinem Innern hatte ich die unerschütterliche Gewißheit, daß jemand mich hörte. Das gab mir eine Kühnheit, die ich selbst nicht für möglich gehalten hätte. Ich redete einfach weiter zu dem, der da zuhörte.«

»Was dachtest du denn, wer es war, Allah oder Jesus?« wollte Eric wissen.

»Ich weiß selbst nicht, was ich dachte, aber auf jeden Fall muß ich das Wesen, das mir zuhörte, für Gott gehalten haben, denn ich sprach mit ihm, als ob er mein Leben beherrschte. Dann fragte ich ihn: ›Was für eine schreckliche Sünde habe ich begangen, daß du mich so leiden läßt? Ich war kaum geboren, da hast du mir schon die Mutter genommen. Dann hast du mich zum Krüppel werden lassen und mir jetzt auch noch meinen Vater weggenommen. Sag mir, warum strafst du mich so hart?‹«

An dieser Stelle wurde ich in meiner Erzählung unterbrochen. Jemand meinte: »Das war aber eine merkwürdige Art und Weise, mit Gott zu reden. In allen Gebeten der Moslems, die du ja von Kind auf kanntest, gab es so etwas gewiß nicht. Was hat dich veranlaßt, so zu beten?«

»Das weiß ich auch nicht«, erwiderte ich. »Auf jeden Fall umgab mich nach meinem heftigen Gefühlsausbruch tiefe Stille. Es war, als halte das ganze Universum den Atem an. Aus dieser Stille heraus hörte ich dann eine leise, sanfte Stimme, die sprach: ›Ich werde dich nicht sterben lassen. Du sollst am Leben bleiben.‹«

Nun kannte die Neugier meiner Zuhörer keine Grenzen mehr. »Konntest du die Stimme mit deinen Ohren hören, oder waren es nur Gedanken? Und in welcher Sprache redete die Stimme mit dir?«

»Ich konnte sie tatsächlich hören. Es ist schwierig zu erklären. Es war wie ein Lufthauch, der über mich hinwegfuhr. Aber die Stimme sprach in meiner Muttersprache.«

»Was hast du gefühlt? Warst du glücklich?«

»Ich hatte gar keine Zeit, um über meine Gefühle nachzudenken. Auf jeden Fall war ich nicht gerade erfreut über die Aussicht, am Leben bleiben zu müssen. Alles, was ich mir in meiner Situation wünschte, war, sterben zu dürfen und ins Paradies zu kommen. Deshalb sagte ich: ›Was für einen Zweck hat es, wenn ich am Leben bleibe? Ich bin ein Krüppel. Als mein Vater noch lebte, konnte ich wenigstens alles mit ihm besprechen. Aber jetzt ist er tot, und ich muß ohne Hoffnung und ohne echten Lebenssinn zurückbleiben.‹ Darauf hörte ich die Stimme von neuem: ›Wer hat den Blinden das Augenlicht gegeben? Wer hat die Kranken gesund gemacht? Wer hat die Aussätzigen gereinigt und die Toten auferweckt? Ich bin es, Jesus, der Sohn der Maria. Lies, was im Koran über mich geschrieben steht, in der Sure ›Das Haus Imrân‹.«

Als ich bis hierher gekommen war, brach ein regelrechter Begeisterungssturm los. »Oh, Schwester Gulshan, was für ein wunderbares Erlebnis! Wenn Jesus doch kommen und auch mit uns auf diese Weise reden würde! Aber hast du dich nicht gefragt, ob du das alles vielleicht nur geträumt hattest und in Wirklichkeit gar nichts passiert war?«

»Doch, hin und wieder schon. Am nächsten Tag begann die vierzigtägige Trauerzeit für meinen Vater. Ein ununterbrochener Strom von Besuchern – Angehörige und Freunde – kam, um dem Andenken des Verstorbenen Ehrerbietung zu erweisen. Es gab Augenblicke, in denen mir mein Erlebnis der vergangenen Nacht wie ein Traum vorkam, aber im Grunde wußte ich, daß es Realität gewesen war.

Am Abend, als Ruhe eingekehrt war, bat ich meine Dienerin Salima, mir den Koran zu holen, und fing an, die Sure ›Das Haus Imrân‹ zu lesen. Doch obwohl sie in schönstem Arabisch geschrieben war, fand ich es schwierig, sie richtig zu verstehen. Dann kam mir plötzlich ein Gedanke: Warum sollte ich den Koran nicht in meiner Muttersprache lesen? Schließlich hatte Jesus ja auch auf Urdu mit mir geredet. Gedacht, getan. Am nächsten Morgen ließ ich die Dienerin kommen und sagte zu ihr: ›Salima, würdest du bitte in die Buchhandlung gehen und mir die beste Urdu-Übersetzung des Korans kaufen, die es gibt?‹ Sie schien erstaunt, sagte aber nichts, denn meine Dienerinnen waren es gewohnt, nie etwas in Frage zu stellen, was ich tat.«

»Das war aber sehr mutig von dir«, meinte einer von den anderen. »Du wußtest doch bestimmt, daß der Koran nach Ansicht der Moslems nur auf Arabisch richtig verstanden werden kann. Sie glauben nicht, daß er in eine andere Sprache übersetzt werden kann wie jedes x-beliebige Buch, ohne einen Teil seiner Bedeutung einzubüßen.«

»Ja, natürlich wußte ich das, aber ich wollte unbedingt genau wissen, was über Jesus, der mit mir geredet hatte, geschrieben war.«

Onkel Hassan fragte: »Hattest du denn noch nie etwas von Jesus gehört?«

»Nein«, erwiderte ich, »wie sollte ich? Ich war ja an mein Bett und meinen Rollstuhl gefesselt und hatte mit niemand anders als mit Moslems zu tun gehabt. Wer hätte mir da von Jesus erzählen sollen? Sicher, ich hatte bereits mit sieben Jahren den Koran ganz durchgelesen und muß dabei auch auf den Namen Jesus gestoßen sein, aber er bedeutete mir nichts. Bei der ersten Gelegenheit, die sich bot, nahm ich den Urdu-Koran zur Hand, sagte die *Bismillah,* die Eröffnungsworte (›Im Namen Allahs, des Erbarmers, des Barmherzigen‹) und schlug die Sure ›Das Haus Imrân‹ auf.«

Einer in der Runde meinte: »Laßt uns doch mal nachsehen, was da steht.« Eric ging, um seinen Koran zu holen.

»Da sprachen die Engel:
›O Maria, siehe, Allah verkündet dir ein Wort von ihm; sein Name ist der Messias, Jesus, der Sohn der Maria, angesehen hienieden und im Jenseits und einer der Allah Nahen.
Und reden wird er mit den Menschen in der Wiege und in der Vollkraft, und er wird einer der Rechtschaffenen sein …‹«

Ehrfürchtiges Staunen erfüllte von neuem unsere Herzen. Hier stand Jesus vor uns, der sogar im Koran, dem heiligen Buch des Islams, erwähnt und dort als einer der »Allah Nahen« bezeichnet wird!

An diesem Punkt erschien es uns gut, die Unterhaltung zunächst zu unterbrechen. Es war halb ein Uhr nachts, und wir waren alle müde von dem langen Tag. Mit einem tiefen Frieden im Herzen begab ich mich zur Ruhe. Im Bett liegend, kamen mir wieder die Worte Jesu in den Sinn: »Mein Volk ist dein Volk.«

Früh am nächsten Morgen hörte ich Elizabeths Schritte auf der Treppe. Sie klopfte an meine Tür und kam auf mein »Herein« mit einer Tasse Tee ins Zimmer. »Nun, Schwester Gulshan, hast du eine gute Nacht gehabt?« fragte sie fröhlich und stellte die Tasse auf dem Nachttisch ab. »Ja, danke!« erwiderte ich. »Ich habe wunderbar geschlafen und fühle mich erfrischt und ausgeruht. Ich bin wirklich froh, hier zu sein.« »Das ist schön. Ich sehe dich dann später unten. Jetzt muß ich zuerst Miriam für die Schule fertig machen.« Damit drehte sie sich um und ging aus dem Zimmer. Ich betrachtete die dampfende Tasse nachdenklich. *Wie nett von ihr, mir Tee ans Bett zu bringen*, dachte ich. *Auf keinen Fall darf ich sie merken lassen, daß ich nie etwas zu mir nehme, ehe ich nicht gewaschen und angezogen und meine Morgenandacht gehalten habe! Wenn schon eine Tasse Tee eine derartige Umstellung für mich bedeutet*, überlegte ich weiter, *was soll erst werden, wenn größere Veränderungen auf mich zukommen?*

Ich kam gerade rechtzeitig nach unten, um mich von Miriam zu verabschieden, die bereits die Schuluniform anhatte und auf dem Sprung war, das Haus zu verlassen. Für Pakistanis, die Christen geworden sind, ist es keine Frage, ob ihre Kinder die Schuluniform anstatt der traditionellen pakistanischen Kleidung tragen sollen oder nicht. Für sie ist diese Uniform ein Symbol sämtlicher Tugenden, die sie schätzen, wie Disziplin, Respekt vor den Alten, Sauberkeit und Ordnung.

Beim Frühstück erzählte Elizabeth mir etwas von dem, was sie erlebt hatte, seit sie in England wohnte. »Als wir ankamen, sprach ich kein Wort Englisch und konnte somit auch nicht in meinem Beruf als Krankenschwester anfangen. Eric wollte sowieso nicht, daß ich arbeiten ging. Du weißt ja, wie das bei unseren Männern ist: Sie haben es am liebsten, wenn die Frau zu Hause bleibt und sich um Haushalt und Familie kümmert. Mir hat das auch nichts ausgemacht, weil ich es ja von daheim nicht anders gewohnt war. In meinem Haus fühlte ich mich sicher und geborgen.«

»Miriam sieht in ihrer Uniform sehr hübsch aus«, bemerkte ich und überlegte dabei, daß sie in Pakistan vielleicht überhaupt nicht zur Schule gegangen wäre. »O ja, sie liebt ihre Schule heiß und innig. Es geht uns wirklich gut. Aber für mich ist es das Allerwichtigste, daß ich mir, wenn die Kinder einmal krank sind, keine Gedanken darüber zu machen brauche, woher ich das Geld für den Arzt nehmen soll. Eric bezahlt regelmäßig seine Krankenkassenbeiträge, und so sind Arztbesuche und Medikamente für uns kostenlos. Das Leben wird eigentlich immer besser.«

»Aber so leicht war es früher nicht«, fiel Anwars Frau, die sich ebenfalls eingefunden hatte, ein. »Am Anfang haben wir unsere Männer kaum zu Gesicht bekommen. Sie mußten sehr schwer arbeiten, um erst einmal Fuß zu fassen. Zeitweise haben sie sogar in zwei Schichten gearbeitet, Früh- und Spätschicht. Wir haben uns praktisch nur an den Wochenenden gesehen. Es ist uns wirklich nichts geschenkt worden, aber wenigstens brauchten wir nicht ständig Angst zu haben, woher die nächste Mahlzeit kommen sollte. Was mir jedoch hier in England am meisten gefällt, ist die Tatsache, daß es immer noch ein christliches Land ist, in dem wir unser Christentum frei ausüben und ohne Furcht vor Verfolgung und Belästigung leben können. Manchmal gibt es schon Konfliktsituationen mit anderen Pakistanis, die überzeugte Moslems sind, aber wir wissen, daß sie uns nichts tun können.«

Ja, dachte ich, *das ist gewiß ein großer Segen. Wenn ich bedenke, wie ich schon unter meiner eigenen Familie gelitten habe!*

Eric und seine Brüder standen nicht sehr früh auf, weil sie gerade Spätschicht hatten. Nach dem Mittagessen trafen wir uns jedoch alle in Erics Wohnzimmer zum weiteren Gespräch. Man sah es ihnen an, daß sie nur darauf warteten, daß ich mit meinem Bericht vom vergangenen Abend fortfuhr. Wie gewöhnlich war es Eric, der als erster das Wort ergriff: »Wie lange hast du die Abschnitte gelesen, die im Koran über Jesus stehen? Hat irgend jemand davon gewußt?«

»Drei Jahre lang las ich die Abschnitte über Jesus immer wieder. Die beste Zeit dafür war abends, wenn die Kinder im Bett waren und es nach dem letzten Gebetsruf still im Haus geworden war. Aber eins war mir rätselhaft: Warum stand nur so wenig über Jesus im Koran geschrieben, wenn er wirklich so groß war? Eines Tages sprach ich meine Tante darauf an: ›Tante, weißt du irgend etwas über Jesus?‹ Ihr Gesichtsausdruck verriet, daß sie über mein offensichtliches Interesse an Jesus nicht allzu erfreut war. Trotzdem antwortete sie prompt: ›Er ist der einzige Prophet im Koran, der den Blinden das Augenlicht schenkt, die Toten auferweckt und einmal wiederkommen wird. Aber ich weiß nicht, in welcher Sure das steht.‹«

Meinen Zuhörern war anzumerken, wie erstaunt sie waren. »Woher wußte sie denn das über Jesus?« Wenn ich heute darüber nachdenke, ist es tatsächlich verwunderlich, daß sie gerade über diesen Abschnitt, der von Jesus handelt, so gut Bescheid wußte.

»Ist sonst nichts in den drei Jahren passiert, in denen du dich mit den Koranstellen über Jesus beschäftigt hast? Es war doch eine ziemlich lange Zeit – in Anbetracht der wenigen Verse!«

»Nein, nichts Besonderes geschah, aber durch das Nachsinnen über diese Verse war eine Hoffnung in mir geweckt worden, die einfach nicht mehr sterben wollte. Tief im Herzen wußte ich: Wenn mich überhaupt jemand heilen konnte, dann war es Jesus. Ich fing an zu glauben, daß das, was über ihn geschrieben stand, wahr war und daß er wirklich Wunder tun konnte. Trotzdem wurde mir das Warten schier unerträglich.«

»Und was passierte nach den drei Jahren?«

»Ich fing an, direkt zu Jesus zu beten. ›Jesus, Sohn der Maria‹, sagte ich, ›es steht im Koran, daß du Tote auferweckt, Aussätzige geheilt und viele andere Wunder getan hast. Bitte, heile auch mich!‹«

»Hast du auch noch andere Gebete gesprochen? Und was war mit deinen moslemischen Gebeten, hast du die aufgegeben?«

»Nein, zuerst nicht. Ich benutzte weiter die Perlenschnur, die ich aus Mekka mitgebracht hatte. Nach jedem Gebet sagte ich die *Bismillah*-Formel her und fügte dann noch hinzu: ›O Jesus, Sohn der Maria, heile mich!‹ Dieses Gebet wurde mir so wichtig, daß ich es sogar zwischen den festgesetzten Gebetszeiten bei jeder Perle betete.«

»Dein verkrüppelter Zustand muß dir wirklich sehr zu schaffen gemacht haben, daß du so um Heilung gefleht hast! Dabei warst du doch weder arm noch obdachlos«, bemerkte einer.

»Nein, das nicht, aber es war nicht nur mein körperlicher Zustand, der mir zu schaffen machte. Auch meine Gedanken verkümmerten langsam, und ich wurde geistig immer mehr zum Krüppel. Ich verlor jegliches Gefühl für den Sinn und Zweck meines Lebens. Was konnte ein hilfloser Krüppel wie ich schon der Welt nützen? Meine Hilflosigkeit überwältigte mich, und ich fühlte mich innerlich tot. Ich brauchte unbedingt jemand, der mich von diesem bedauernswerten Zustand befreite.«

Ich merkte, daß die anderen langsam ungeduldig wurden. Sie wollten unbedingt hören, wie es weitergegangen war. Also fuhr ich fort: »Eines Morgens war ich wie gewöhnlich um 3 Uhr aufgewacht. Ich setzte mich im Bett auf, um zu lesen. Dabei betete ich wie sonst auch aus der Tiefe meines Herzens zu Jesus, er möge mich heilen. Doch dann brach ich abrupt ab. Eine ganze Reihe von Fragen stand in mir auf. Weshalb war ich nicht geheilt worden? Ich betete nun schon seit drei Jahren um Heilung. Immer wieder hatte ich im Koran die Abschnitte gelesen, die Jesus selbst mir befohlen hatte zu lesen. Warum hatte er mich nicht geheilt, nachdem er zuerst die Hoffnung in mir geweckt hatte, daß er es tun würde? Ich nahm allen Mut zusammen und sagte laut: ›Jesus, ich weiß, daß du lebst. Du hast zu mir gesprochen. Im Koran steht geschrieben, daß du Menschen geheilt hast. Du kannst auch mich heilen, und trotzdem bin ich immer noch ein Krüppel. Warum?‹ Doch nichts als Schweigen umfing mich nach diesem Gefühlsausbruch. Wieder rief ich in meiner Verzweiflung aus: ›Wenn du kannst, dann heile mich, wenn nicht, dann sag es mir! So kann ich nicht weiterleben!‹

Plötzlich war der ganze Raum mit Licht erfüllt. Zuerst dachte ich, das Licht käme von meiner Nachttischlampe, doch dann merkte ich, daß sie nur einen schwachen Schein von sich gab. Dann kam mir der Gedanke, der Gärtner könne vielleicht die Außenbeleuchtung angeschaltet haben, um die reifen Mangos vor Dieben zu schützen oder während der kühlen Nachtstunden den Garten zu bewässern. Doch alle Vorhänge waren zugezogen und die Jalousien heruntergelassen. Ich bekam es mit der Angst zu tun und bedeckte mein Gesicht mit dem Schal. Aber irgend etwas zwang mich, hinzuschauen. Das Licht wurde heller und heller, bis es stärker war als das Sonnenlicht.

Plötzlich bemerkte ich mehrere Gestalten in langen Gewändern, die mitten in dem strahlenden Licht standen, nur wenige Schritte von meinem Bett entfernt. Zwölf waren es, alle in einer Reihe, und die Gestalt in der Mitte, die dreizehnte, war größer und heller als die anderen. Vor Angst zitternd, rief ich aus: ›O Gott, wer sind diese Leute? Wie sind sie hier hereingekommen, wo doch alle Fenster und Türen geschlossen sind?‹

Plötzlich hörte ich eine Stimme sagen: ›Steh auf! Dies ist der Weg, den du immer gesucht hast. Ich bin Jesus, der Sohn der Maria, zu dem du gebetet hast. Jetzt stehe ich vor dir. Steh auf und komm zu mir!‹

Ich fing an zu weinen. ›O Jesus‹, schluchzte ich, ›ich bin ein Krüppel. Ich kann nicht aufstehen.‹ Doch er antwortete: ›Steh auf und komm zu mir! Ich bin Jesus.‹

Als ich zögerte, wiederholte er die Aufforderung. Und dann, während ich immer noch zweifelte, sprach er zum dritten Mal die gleichen Worte. Und plötzlich fühlte ich neue Kraft in meine verdorrten Glieder hineinfließen. Ich streckte meine Beine aus dem Bett und stand auf. Dann rannte ich auf ihn zu und fiel ihm zu Füßen. Ich kniete in dem strahlenden Licht, das heller leuchtete als Sonne und Mond zusammen. Dieses Licht drang tief in mein Herz hinein, und im gleichen Moment wurde mir vieles klar.

Jesus legte seine Hand auf meinen Kopf, und ich bemerkte ein Loch in der Hand, von dem ein Lichtstrahl auf mein Gewand fiel, so daß das grüne Kleid weiß aussah. Er sprach: ›Ich bin Jesus. Ich bin Immanuel. Ich bin der Weg, die Wahrheit und das Leben. Ich lebe und werde bald wiederkommen. Von diesem Tag an bist du mein Zeuge. Was du mit deinen Augen gesehen und mit deinen Ohren gehört hast, sollst du meinem Volk weitersagen. Mein Volk ist dein Volk. Von jetzt an mußt du dein Gewand und deinen Körper makellos rein halten. Wo du auch hingehst, ich bin bei dir, und von diesem Tag an sollst du so beten:

›Unser Vater, der du bist im Himmel,
geheiligt werde dein Name.
Dein Reich komme.
Dein Wille geschehe,
wie im Himmel so auch auf Erden.

36

Unser tägliches Brot gib uns heute.
Und vergib uns unsere Schulden,
wie auch wir unseren Schuldnern vergeben.
Und führe uns nicht in Versuchung,
sondern erlöse uns von dem Bösen.
Denn dein ist das Reich und die Kraft
und die Herrlichkeit in Ewigkeit.
Amen.‹

Ich betrachtete meinen Arm und mein Bein und bemerkte, daß Fleisch daran war. Obwohl mein Arm Kraft hatte und nicht mehr lahm herunterhing, war er doch nicht vollkommen. ›Warum machst du ihn nicht ganz heil?‹ fragte ich. Liebevoll erwiderte Jesus: ›Ich möchte, daß du mein Zeuge bist.‹

Dann verblaßte das Licht, und die Gestalten entschwanden meinen Blicken. Gerne hätte ich die Vision noch länger festgehalten, aber das ging nicht. Das Licht war verschwunden, und ich stand ganz allein im Zimmer, in ein weißes Gewand gehüllt. Meine Lider waren schwer von dem gleißenden Licht, so daß selbst der schwache Schein der Nachttischlampe meinen Augen weh tat. Ich tastete mich zu einer Kommode hin, die an der Wand stand. In einer der Schubladen fand ich meine Sonnenbrille, die ich gewöhnlich trug, wenn ich im Garten saß. Ich setzte sie auf und konnte nun die Augen ohne Schwierigkeiten wieder öffnen. Ich warf einen Blick auf die Uhr. Es war 4 Uhr morgens.«

Tiefe Stille herrschte, nachdem ich geendet hatte. Jeder hing seinen eigenen Gedanken nach, Gedanken über diesen Jesus, dem sie alle ja ebenfalls ihr Leben anvertraut hatten. Er war real. Er war lebendig. Er kannte jeden einzelnen ganz persönlich. Ich konnte sehen, wie überwältigt sie von dieser wunderbaren Geschichte waren. Als Elizabeth sich erbot, eine Kanne Tee zu machen, ging ein Seufzer der Erleichterung durch die Reihen. Mein Bericht war wohl doch ein bißchen zuviel auf einmal gewesen. Deshalb wurde ihr Vorschlag von allen freudig begrüßt.

Kapitel 4

Ein Gespräch mit Moslems

Nachdem sie mein Zeugnis aus meinem eigenen Mund gehört hatten, waren Onkel Hassan und seine Söhne mehr denn je darauf erpicht, mich mit einer Gruppe von Pakistanis bekannt-zumachen, die als Busfahrer arbeiteten. Diese Männer waren strenggläubige Moslems, und meine Freunde hatten schon viele, zum Teil hitzige Debatten mit ihnen über Jesus und über die Frage geführt, warum sie Christen geworden waren. Sie hatten ihnen auch die Kassette mit meinem Zeugnis vorgespielt, worauf diese gewissenhaften Nachfolger Mohammeds gemeint hat-ten, sie würden erst glauben, wenn sie mich persönlich sähen. Diese Erklärung war es gewesen, die Onkel Hassan zuerst veranlaßt hatte, mich einzuladen.

Also wurde eine Zusammenkunft für Freitag nachmittag anberaumt, die in Erics zur Straße gelegenem Wohnzimmer stattfinden sollte. Die Stühle wurden so aufgestellt, daß ich die Besucher ansehen konnte. Eric erwartete insgesamt sechs Män-ner. Es war nicht damit zu rechnen, daß sie ihre Frauen mitbrin-gen würden – und das, obwohl ich da war. Es hatte jedoch nichts mit mir persönlich zu tun, denn die Moslemfrauen gehen freitags auch nicht mit in die Moschee, sondern bleiben zu Hause und sagen dort ihre Gebete. Sogar bei gesellschaftlichen Anlässen halten sie sich gewöhnlich abseits. So war ich absolut nicht überrascht, daß keiner der Männer seine Frau mitgebracht hatte.

Eric nahm auf der einen Seite von mir Platz und Onkel Hassan auf der anderen. Ihre körperliche Nähe wirkte beruhi-gend. Sie bedeutete für mich eine moralische Unterstützung und gab dem, was ich zu sagen hatte, ein zusätzliches Gewicht. Ein Freund von Eric mit Namen Yacub, ebenfalls Christ, war auch gekommen.

Als die Männer mir gegenüber Platz genommen hatten, musterten sie mich mit solch prüfenden Blicken, daß ich mir fast entblößt vorkam. Für einen kurzen Moment wünschte ich mir sogar, ich trüge noch den Schleier, während sie mich von Kopf bis Fuß betrachteten. Kein einziger Körperteil schien ihren durchdringenden Blicken zu entgehen. *Wahrscheinlich wollen sie sichergehen*, so dachte ich bei mir, *daß ich ein Mensch aus Fleisch und Blut bin und kein Phantomgebilde.*

Doch darüber ließ Eric sie nicht lange im Zweifel. »Dies ist Schwester Gulshan«, begann er, »deren Zeugnis ihr auf der Kassette gehört habt.« Sie schienen sich nicht allzu behaglich zu fühlen. Wahrscheinlich konnten sie immer noch nicht recht glauben, daß die Bemerkung, die sie so spontan hingeworfen hatten, tatsächlich angenommen worden war. Doch nun, da sie mit der Realität konfrontiert waren, blieb ihnen nichts anderes übrig, als sich irgendwie zu äußern.

»Ist das wirklich Ihre Stimme auf der Kassette?« wollte einer von ihnen wissen.

»Selbstverständlich«, erwiderte ich ruhig. »Das werden Sie bestimmt gleich feststellen.«

»Ist es wahr, was Sie gesagt haben, daß Sie aus einer Sayed-Familie stammen?«

Ich war ein wenig überrascht. Diese Männer waren gar nicht in erster Linie an meinem Zeugnis interessiert, als vielmehr an meiner Lebensgeschichte. Sie wollten wissen, wer ich war und aus was für einer Familie ich kam. Trotzdem antwortete ich, ohne zu zögern: »Ich heiße Gulshan Fatima und bin die jüngste Tochter einer Sayed-Familie. Den Namen Fatima habe ich von der Tochter des Propheten Mahammed erhalten. Wir waren stolz darauf, unseren Stammbaum bis auf Mohammed zurückführen zu können, und zwar durch seinen Schwiegersohn Ali. Mein Vater war das Oberhaupt der Familie. Außerdem war er ein *Pir,* ein religiöser Führer, und wurde sogar von den Mullas bei wichtigen Glaubensfragen zu Rate gezogen.«

»Wo haben Sie gewohnt?« lautete die nächste Frage.

»Wir wohnten in Jhang im Panjab, ungefähr 400 Kilometer von Lahore entfernt. Mein Vater war ein Großgrundbesitzer, der viele Ländereien besaß. Wir hatten einen riesigen Bungalow am Rand der Stadt, umgeben von einem wunderschönen, weitläufigen Garten.«

»Woher sollen wir wissen, daß Sie sich das alles nicht nur ausdenken? Können Sie uns beweisen, daß es wirklich wahr ist?«

Diese Anspielung, ich könnte bei dem, was ich sagte, lügen, tat mir weh. Trotzdem war jetzt keine Zeit, um mir wegen irgendwelcher verletzter Gefühle Gedanken zu machen. Deshalb antwortete ich ruhig: »Weshalb sollte ich mir das alles ausdenken? Wenn Sie mir nicht glauben und das, was ich über meine Person gesagt habe, nicht akzeptieren wollen, können Sie ruhig an meine beiden Brüder oder meine Schwester schreiben. Ich gebe Ihnen gern die Adressen.«

Auf dieses Angebot gingen sie jedoch nicht ein, sondern fragten statt dessen: »Wenn Ihre Angehörigen noch leben und gesund sind, warum sind Sie dann weggegangen? Hat man sich nicht um Sie gekümmert?«

»Doch. Meine Angehörigen hatten mich sehr lieb. Mein Vater tat, was er konnte, um mir die Last meines verkrüppelten Zustandes zu erleichtern. Ich hatte zwei Dienerinnen, die ständig um mich waren und auf jeden meiner Wünsche eingingen. Außerdem hatten wir noch eine Reihe anderer Dienstboten, die sämtliche Hausarbeiten erledigten. Selbst als Vater nach dem Tod meiner Mutter wieder hätte heiraten können, tat er es nicht, um mich vor eventueller schlechter Behandlung durch eine Stiefmutter zu schützen.«

Ihr Blick wurde eine Spur freundlicher. Wahrscheinlich wußten sie alle, wenn auch nicht aus persönlicher Erfahrung, um die Probleme, die Kinder mit ihren Stiefmüttern haben können. »Wenn Ihre Angehörigen Sie so liebhatten«, wiederholten sie ihre Frage, »weshalb haben Sie sie dann verlassen?«

Es war offensichtlich, daß sie die Kassette nicht aufmerksam angehört hatten, dachte ich. »Ich mußte Jesus Christus gehorchen«, erwiderte ich. »Er hat mich berufen, sein Zeuge zu sein und seine Botschaft seinem Volk weiterzusagen.«

»Sie hätten doch auch zu Hause bei Ihrer Familie Zeugnis ablegen können. Sie haben selbst gesagt, daß Ihre Angehörigen reich sind. Bestimmt hätte sich auch ein anderer Weg gefunden, oder nicht?«

»Ich fürchte, Sie verstehen mich nicht. Meine Angehörigen haben mir gedroht, mich umzubringen, wenn ich weiter darauf bestehen würde, daß Jesus Christus mich geheilt habe. Wie konnte ich da bei ihnen wohnen bleiben?«

»Vielleicht sind Sie ja gar nicht geheilt worden. Waren Sie wirklich 19 Jahre lang ein Krüppel?«

Welche Ironie, dachte ich bei mir. *Meine eigene Familie hat nie an meiner Krankheit noch an der Realität meiner Heilung gezweifelt. Sie wollten mich lediglich zwingen zu sagen, Mohammed habe mich geheilt und nicht Jesus. Aber diese Männer wollen von mir hören, daß ich überhaupt nicht richtig krank war!*

Ungläubig fragte ich: »Weshalb sollte ich erzählen, daß ich ein Krüppel war, wenn das gar nicht stimmt? Das ist doch nichts, worauf man sich etwas einbilden könnte! Aber davon abgesehen, gibt es Leute genug in Jhang, die meinen früheren Zustand bezeugen können.«

Langsam wurden die Männer ärgerlich. »Also gut, Sie waren verkrüppelt und sind geheilt worden. Aber müssen Sie deshalb so viel Wirbel machen? Andere Leute werden auch gesund, ohne gleich durch die Weltgeschichte zu reisen und alle möglichen Geschichten über ihre Heilung zu erzählen.«

Ihre Worte taten mir weh. An den traurigen Gesichtern meiner Freunde konnte ich ablesen, daß es ihnen nicht anders ging. Wahrscheinlich hätten sie die Diskussion bereits an diesem Punkt abgebrochen, wenn ich mir nicht die größte Mühe gegeben hätte, ruhig zu bleiben und die Fragen der Männer weiter zu beantworten.

»Ich glaube, Sie verstehen mich nicht. Ich spreche ja nicht nur über meine Heilung. Jesus hat mir aufgetragen, die Botschaft vom Heil in Christus weiterzusagen, und das versuche ich zu tun.«

»Was ist das für eine Botschaft? Wenn sie von Jesus kommt, ist sie für uns nicht wichtig. Unser Prophet Mohammed (der Friede und der Segen Allah seien über ihm) ist größer als Jesus. Er ist der letzte Prophet Allahs, und seiner Botschaft gehorchen wir. Eine andere Botschaft brauchen wir nicht.«

»Beten Sie denn nicht Tag und Nacht: ›Leite uns den rechten Pfad, den Pfad derer, denen du gnädig bist!‹? Ich sage Ihnen, wenn dieses Gebet erhört werden soll, müssen Sie an Jesus Christus glauben. Er ist der Weg, die Wahrheit und das Leben. Er ist der rechte Weg, der einzige Weg zu Gott, dem Vater.«

»Sie wagen es, Allah ›Vater‹ zu nennen? Das ist Gotteslästerung. Jetzt wissen wir ganz bestimmt, daß Sie keine Moslemin gewesen sein können. Sie müssen als Christ aufgewachsen sein. Kein echter Moslem würde es wagen, so etwas zu sagen. Sie sind verrückt! Nur Menschen können Väter sein. Allah ist kein Mensch!«

»Jesus hat mir gesagt, ich soll Gott ›Vater‹ nennen. In der Bibel steht: ›So viele ihn (Jesus) aber aufnahmen, denen gab er das Recht, Kinder Gottes zu werden‹ (Johannes 1,12). Das wunderbare Gebet, das Jesus selbst mich gelehrt hat, fängt mit den Worten an: ›Unser Vater …‹ Jesus hat Gott ›Vater‹ genannt, und dieses Vorrecht schenkt er auch uns. Aber nur durch den Geist Gottes ist es möglich, Gott ›Vater‹ zu nennen. Sie können das nicht, weil dieser Geist nicht in Ihnen wohnt.«

Einen Augenblick lang waren sie sprachlos. Dann ergriff einer der Männer das Wort: »Im Koran steht nicht, daß wir Allah ›Vater‹ nennen sollen. Es werden uns aber 99 wunderbare Namen für Gott genannt: ›Al-Raham‹ (Der Erbarmer), ›Rahim‹ (Der Barmherzige), ›Al Malik‹ (Der Höchste) und viele, viele andere. Waren die Ihnen nicht gut genug? Wenn Sie an die Bibel glauben und sich an das halten wollen, was sie sagt, dann ist das Ihre Sache. Wahrscheinlich waren Sie sowieso kein guter Moslem.«

Es schien ihnen direkt Freude zu machen, mir die häßlichsten Dinge an den Kopf zu werfen.

»Wie können Sie so etwas behaupten? Ich war kein schlechterer Moslem als einer von Ihnen. Mein Vater hat mir von klein auf das islamische Glaubensbekenntnis eingetrichtert, so wie Ihr Vater das bestimmt auch gemacht hat. Ich kannte es von vorne bis hinten auswendig. Heute noch höre ich meinen Vater fragen:

›Wo ist Allah?‹

›Allah ist überall.‹

›Weiß Allah alles, was du hier auf der Erde tust?‹

›Ja. Allah weiß alles, was ich tue, Gutes und Böses. Er kennt sogar meine geheimsten Gedanken …‹«

»Sie brauchen nicht weiterzumachen. Wir sehen, daß Sie das alles tatsächlich gelernt haben. Aber das Allerwichtigste haben Sie offenbar nicht gelernt. Heißt es nicht in der Shahada: Es gibt keinen Gott als Gott (Allah), und Mohammed ist sein Prophet (Friede sei über ihm)‹?«

Als ich diese treuen Anhänger Mohammeds so vor mir sah, konnte ich sie nur liebhaben. Sie erinnerten mich so sehr an meinen Vater. Auch er hatte seine Religion geliebt und keine größere Freude gekannt, als seine Gebete zu sprechen und die geforderten Reinigungszeremonien zu befolgen. Ich war also keineswegs ein bloßer Zuschauer. Ich konnte mitfühlen, was sie fühlten.

»Neunzehn Jahre lang habe ich an die Shahada geglaubt. Ich glaube immer noch, daß es nur einen Gott gibt, aber ich glaube auch, daß Jesus der Sohn Gottes ist und nicht nur ein Prophet, wie der Koran lehrt.«

»Wollen Sie etwa behaupten, daß Jesus größer ist als unser Prophet?«

»Ich behaupte, daß Jesus Christus nicht nur ein Prophet ist, sondern der Sohn Gottes, der Weg, die Wahrheit und das Leben. Er ist der Weg zu Gott, dem Vater.«

»Wenn Sie wirklich so ein guter Moslem waren, wie konnten Sie dann an Selbstmord denken, nur weil Sie nicht gesund wurden? Das war doch ein klarer Hinweis auf einen rebellischen Geist. Sie hätten sich dem Willen Allahs unterwerfen sollen. Wenn Allah wollte, daß Sie ein Krüppel blieben, hätten Sie sich nicht gegen seinen Willen auflehnen dürfen. Schließlich ist der Islam seinem ganzen Wesen nach Unterwerfung.«

»Es ist nicht so, daß ich gegen Gott rebelliert hätte. Ich konnte nur keinen Sinn in meinem Weiterleben sehen. Wem sollte es nützen, mir oder sonst jemand?« erwiderte ich, traurig darüber, daß Menschen, anstatt sich über meine Heilung zu freuen, diese eher bedauerten. Es sollte jedoch nicht das letzte Mal sein, daß mir eine solche Haltung begegnete.

»Das hätten Sie Allah überlassen müssen!« tönte es nacheinander aus sechs Kehlen.

»Vielleicht. Aber ich bin so froh, daß Jesus die Sache in die Hand genommen hat. Er hat seine Hand nach mir, einem verzweifelten Moslemmädchen, ausgestreckt, meinen verkrüppelten Leib angerührt und einen starken, gesunden Körper daraus gemacht. Die Botschaft, die er mir für sein Volk aufgetragen hat, muß ich weitersagen, egal, was es kostet«, gab ich entschlossen zurück.

»Aber Ihr eigenes Fleisch und Blut lehnt Sie ab. Ihre Geschwister glauben doch immer noch nicht an Jesus, oder? Und da erwarten Sie von uns, daß wir an ihn glauben sollen?« Ihre Frage klang verwundert.

Plötzlich wechselten sie das Thema: »Wie denken Sie über den Schleier? Heißt es nicht im Koran: ›Prophet, schärfe es deinen Frauen, deinen Töchtern und den Frauen aller wahren Gläubigen ein, daß sie ihren Schleier eng um sich schlingen. So geziemt es sich, damit sie geehrt und nicht belästigt werden.‹ Wie kann es sein, daß Sie, die Sie angeblich zu einer Sayed-Familie gehören, den Schleier abgelegt haben?« fragten sie herausfordernd und sahen mich dabei triumphierend an.

»Der Schleier wurde zu dem Zweck eingeführt, um die Frauen vor den lüsternen Blicken der Männer zu schützen«, erwiderte ich. »Sie wissen selbst, daß er heute in vielen moslemischen Ländern bereits nicht mehr getragen wird. Wenn die Männer ihre Phantasie besser beherrschen würden, müßten die Frauen nicht auf den Jaschmak (den von Moslemfrauen in der Öffentlichkeit getragenen Schleier) oder auf sonstige Hilfsmittel zurückgreifen, um sich selbst zu schützen.«

Diese Worte trugen mir einige zornige Blicke ein. Für die Männer sah es so aus, als attackiere ich nicht nur ihre Religion, sondern stelle auch ihre Sitten und Traditionen in Frage. Kein Wunder, daß sie ärgerlich meinten: »Wir brauchen *Sie* nicht, um uns zu sagen, was wir glauben oder welche Traditionen wir aufrechterhalten sollen!«

»Da haben Sie recht. Sie brauchen mich nicht, aber Sie brauchen Jesus Christus, daß er Ihnen Ihre Sünden vergibt. Er ist dafür am Kreuz gestorben«, sagte ich.

Im Brustton der Überzeugung kam es zurück: »Wir haben es nicht nötig, daß jemand an einem Kreuz für uns stirbt. Allah hat versprochen, uns unsere Sünden zu vergeben und uns ins Paradies zu bringen, wenn wir sterben. Wir wissen, wohin wir gehen. Wissen Sie das auch?« Die Frage klang direkt überheblich.

»Ich bin absolut sicher, daß ich, wenn ich sterbe, in den Himmel komme und bei Jesus bin. Am 8. Januar 1971 hatte ich zu Hause in Pakistan eine Vision vom Himmel. Ich sah ein wunderschönes Tor und dahinter eine große Menschenmenge, alle weiß gekleidet, die Gott priesen. Ich sah mich selbst mitten in der Menge stehen.«

»Visionen interessieren uns nicht«, meinten sie spöttisch.

»Aber Mohammed hatte auch Visionen. Glauben Sie etwa nicht daran?«

Das machte sie nur noch wütender. »Sie wollen Ihre Visionen doch wohl nicht auf eine Stufe mit denen unseres Propheten stellen, oder? Nun reicht's aber! Es hat gar keinen Sinn, mit Ihnen zu reden.«

Eric hielt es nicht länger aus. Er stand auf, um den Tee aus der Küche zu holen, den Elizabeth zubereitet hatte. Die Männer sahen ihre Gelegenheit gekommen, um mich zu versuchen. »Wie wäre es, wenn Sie dieses ganze Gerede über Jesus sein ließen und zum Islam zurückkehrten? Wenn Sie Liebe brauchen oder Geld haben wollen – wir geben es Ihnen«, sagten sie und lächelten dabei erwartungsvoll.

Doch da hatten sie sich gewaltig in mir getäuscht. »Selbst wenn Sie mir die ganze Welt anbieten würden, könnten Sie mich nicht davon abbringen, Jesus Christus nachzufolgen und ihm zu gehorchen. Jesus ist für meine Sünden gestorben; er hat mich mit Gott, dem Vater, versöhnt und mir ewiges Leben verheißen. Was könnte ich mir mehr wünschen? Sie werden eines Tages sterben, aber Jesus ist immer bei mir. Er gibt mir alles, was ich brauche. Ich liebe Jesus von ganzem Herzen.«

Das war mehr, als sie ertragen konnten. »Da kommen wir nicht mehr mit«, meinten sie. »Aber wenn Sie so denken – verrecken Sie doch in Ihrem Christentum!« Damit standen sie auf und verließen einer nach dem anderen das Haus.

Als Eric mit dem vollbeladenen Tablett zurückkam, blieb er überrascht an der Tür stehen. Die Besucher waren fort! Seine Augen wurden immer größer, und er bekam vor Staunen den Mund nicht mehr zu. Es hatte ihm total die Sprache verschlagen. Fast hätte er sogar das Tablett fallenlassen. Als er sich wieder einigermaßen in der Gewalt hatte, stellte er das Tablett auf den Tisch und setzte sich. »Was ist passiert?« wollte er wissen.

»Sie haben es nicht mehr ausgehalten.« »Aber ich dachte...«

»Ich weiß, was du dachtest. Du hast gemeint, wenn sie mir Auge in Auge gegenüberständen, könnten sie nicht anders, als an Jesus zu glauben. Aber wahrscheinlich hast du zuviel erwartet. Unglaube ist ein Geheimnis. Manche weigern sich zu glauben, weil sie Beweise haben wollen, die sie überzeugen, und andere weigern sich, die Beweise zu akzeptieren, die sie haben.«

Onkel Hassan, der über mehr Lebenserfahrung und die Weisheit des Alters verfügte, meinte: »Ich denke, ganz so einfach ist die Sache nicht. Bei diesen Moslems ist es im Grunde viel mehr als nur ihre Religion, was sie zum Widerstand gegen das Christentum veranlaßt. Ihr starkes, um nicht zu sagen fanatisches Festhalten am Islam mit seinen geradlinigen Glaubensgrundsätzen, seinen festen Traditionen und Gebräuchen, verleiht ihnen ein Gefühl der Würde und gibt ihnen, wie sie meinen, die Identität, um in einem fremden Land überleben zu können. Ohne Ihren Glauben würden sie sich vorkommen wie Menschen zweiter Klasse, die immer nur die niedrigsten Arbeiten tun müssen, die keiner sonst tun will.

So aber betrachten sie sich nicht als isolierte Gruppe von Immigranten. Sie gehören vielmehr zu einer weltweiten Bruderschaft. Hast du nicht die prächtigen Moscheen gesehen, die überall im Land errichtet werden? Es wird gesagt, daß das meiste Geld dafür aus dem Ausland kommt. Die Moslems wissen mittlerweile, daß sie sich an ihre Brüder in den reicheren Ländern wenden und sie um ihre Unterstützung bitten können. Du siehst also, sich vom Islam abzuwenden, bedeutet weit mehr, als nur eine Religion aufzugeben.«

»Ja«, dachte ich, »das stimmt. Jesus nachzufolgen, kostet wirklich seinen Preis.« Ich schlug die Bibel auf und las Markus 8,34-38:

> »Und als er (Jesus) die Volksmenge samt seinen Jüngern herzugerufen hatte, sprach er zu ihnen: Wenn jemand mir nachkommen will, verleugne er sich selbst und nehme sein Kreuz auf und folge mir nach. Denn wer sein Leben erretten will, der wird es verlieren; wer aber sein Leben verliert um meinetwillen und um des Evangeliums willen, der wird es erretten. Denn was nützt es einem Menschen, die ganze Welt zu gewinnen und sein Leben einzubüßen? Denn was könnte ein Mensch als Lösegeld für sein Leben geben? Denn wer sich meiner und meiner Worte schämt

46

unter diesem ehebrecherischen und sündigen Geschlecht, dessen wird sich auch der Sohn des Menschen schämen, wenn er kommen wird in der Herrlichkeit seines Vaters mit den heiligen Engeln.«

Wir ließen uns den Tee, den Elizabeth so liebevoll zubereitet hatte, gut schmecken, aber die Atmosphäre war eher ruhig und gedämpft. Es gab zuviel, worüber wir nachdenken mußten.

Kapitel 5

Beginn der Mission

Wie Pater Bernard versprochen hatte, kam er mich am folgenden Nachmittag besuchen. Er freute sich zu sehen, wie lieb man mich aufgenommen hatte, und blieb auch zum Abendessen. Wiederholt hörte ich ihn dabei zu meiner Überraschung sagen: »Hmm, das schmeckt gut; wirklich lecker!« Offensichtlich genoß er das asiatische Essen. Und nach den Mengen zu urteilen, die er verdrückte, konnten es nicht nur Höflichkeitsfloskeln sein. Nach dem Abendessen mußten Anwar und Eric zur Arbeit gehen. Pater Bernard blieb noch etwas länger.

»Schwester Gulshan«, begann er, »wir müssen sehen, daß wir ein Programm für Sie ausarbeiten.« Er wollte nicht, daß ich meine Zeit mit Nichtstun vergeudete, sondern ich sollte so bald wie möglich mit der Arbeit beginnen, die mir aufgetragen worden war. Er wollte mir dabei helfen.

»Ich werde folgendes tun«, meinte er nach kurzem Nachdenken, »ich werde verschiedene Kirchen und Gemeinden hier im Land anschreiben und sie ermutigen, Sie einzuladen. Ich bin sicher, daß es viele Christen gibt, die sich freuen würden, Sie kennenzulernen und Ihr Zeugnis zu hören.«

Abends im Bett übergab ich diese ganze Sache bewußt dem Herrn. Tagsüber, wenn ich allein war, verbrachte ich viel Zeit mit Bibellesen und im Gebet. »Herr«, sagte ich, »du hast mich hier nach England gebracht. Elf Jahre lang hast du mich auf diesen Augenblick vorbereitet. Gib mir Weisheit, daß ich dir so diene, wie es dir gefällt. Gib mir die Kraft und den Mut, das, was ich tun soll, wirklich gut zu tun. Dein Name allein soll durch mich verherrlicht werden.«

Und Gott erhörte mein Gebet! Überall im Land begannen sich Türen zum Dienst zu öffnen. Das Reisen per Bus und Bahn sollte in der folgenden Zeit genauso selbstverständlich für mich werden, wie es die Benutzung von *tonga* oder Rikscha in Pakistan gewesen war. Jeder, der mich in meinem *shalwar kameeze* mit dem weißen Mantel darüber, mit *dopatta* und dunkler Brille sah, starrte mich neugierig und verwundert an. Ich fiel einfach auf – obwohl ich das im Grunde gar nicht wollte.

Zunächst einmal hatte ich jedoch ein paar Tage Zeit, um mich auszuruhen und die Atmosphäre des Ortes auf mich wirken zu lassen. Ich hatte nicht damit gerechnet, so viele verschiedene Nationalitäten vorzufinden – Asiaten, Jamaiker und sogar etliche Chinesen. Die Kleidung war so bunt und vielfältig wie die Menschen, die sie trugen. Für das Wochenende waren meine ersten Versammlungen arrangiert worden. Jeweils am Freitag, Samstag und Sonntag abend sollte ich sprechen. Während wir mit dem Auto durch Huddersfield fuhren, sah ich Plakate, mit denen auf die Veranstaltungen hingewiesen wurde. Sie hingen in den Schaufenstern, und mein Name stand in großen Buchstaben darauf. »Bin ich das wirklich?« fragte ich mich verwundert. Und wie nicht anders zu erwarten, war der Versucher gar nicht weit.

»Natürlich bist du das. Du bist etwas Besonderes, das weißt du doch. Eines Tages wirst du berühmt sein.«

»Ich will aber nicht berühmt sein«, wandte ich ein. »Ich möchte, daß Jesus Christus in meinem Leben verherrlicht wird. Ich bin nur hier, weil er es so gewollt hat. Sein Name müßte eigentlich auf diesen Plakaten stehen. Ich bin nichts.«

Der Versucher fuhr fort: »Hast du vergessen, was deine Angehörigen dir erzählt haben? Kurz nachdem du geboren warst, ließen deine Eltern einen *najumi* kommen, um dir die Handlinien zu lesen. Er sagte voraus, daß du einmal berühmt sein würdest. Dieser Tag ist nun gekommen.«

Tief in meinem Herzen hörte ich eine andere Stimme, die mich mit den Worten beruhigte: »Hör zu, Gulshan, du sollst die Menschen auf Jesus Christus hinweisen. Das ist deine Aufgabe. Er braucht dich als sein Werkzeug, auch wenn du dich total unwürdig fühlst.«

»Ja, Herr«, entgegnete ich, »genau das möchte ich sein: ein Werkzeug für dich. Oh, und was für ein Werkzeug – ein verkrüppelter Körper, den du wieder zum Leben erweckt hast! Hier hast du mich, Herr, ich gehöre dir ganz und gar. Mach mit mir, was du willst. Mit jeder Faser meines Seins will ich dir dienen und dein Evangelium weitersagen.« Daraufhin wich der Versucher von mir.

Ich freute mich darauf, meine ersten Versammlungen im Saal der Elim-Pfingstgemeinde abhalten zu können. Das schien für den Anfang genau der richtige Ort zu sein. Von allen christlichen Kirchen und Gemeinschaften sind es gerade die Pfingstler, die von ganzem Herzen und mit großer Inbrunst glauben, daß Jesus auch heute noch Wunder tut. Für sie ist die Zeit der Wunder nicht mit der Ära der Apostel zu Ende gegangen. Ihr Glaube an einen wunderwirkenden Herrn ist so tief in ihren Herzen verwurzelt, daß er sich auch in den Gottesdiensten niederschlägt. Diese sind von fröhlichem Gesang, Händeklatschen, spontanem Gebet und lauten Zwischenrufen wie »Preis dem Herrn!« oder »Halleluja!« gekennzeichnet. Ich hatte diese Versammlungsart bereits in Pakistan kennengelernt, deshalb war sie mir nicht fremd.

Schließlich war der erste Vortragsabend gekommen. Mindestens hundert Menschen hatten sich eingefunden, von denen die meisten Engländer waren. In all den Jahren, die ich in Pakistan zugebracht hatte, war mir nie der Gedanke gekommen, daß ich eines Tages vor einer englischen Zuhörerschaft sprechen würde. Das war für mich ein richtiges Wunder.

Ich sprach durch einen Übersetzer. Es war interessant zu verfolgen, wie er versuchte, mit meiner schnellen Sprechweise Schritt zu halten. Außerdem verschaffte es mir zwischendurch die nötigen Atempausen! Die Kraft Gottes war spürbar da, und die Anwesenden lauschten meinem Zeugnis wie gebannt. Vieles, was ich ihnen erzählte, bestätigte nur das, was sie selbst glaubten: daß Jesus auch heute Gebet erhört und daß es keine Schranke gibt, die er nicht durchbrechen kann – und sei es die Schranke eines starren islamischen Glaubens. Kein *burka* (Schleier) der Religion oder Kultur oder Unwissenheit, der die Wahrheit über ihn verbirgt, ist so fest und dicht, daß er ihn nicht wegreißen könnte. Was meine Zuhörer besonders in Begeisterung versetzte, waren die Worte Jesu, daß *er lebe und bald wiederkommen werde*. Viele wurden dadurch angespornt, ihm ihr Leben ganz neu zu weihen und ihm noch eifriger und freudiger nachzufolgen.

Die nächsten Versammlungen fanden in der Gemeinde Gottes, einem anderen Zweig der Pfingstdenomination, statt. Diese

Gruppierung setzt sich in erster Linie aus Christen schwarzer Hautfarbe zusammen. Tatsache ist, daß die Gemeinde Gottes die größte und einflußreichste pfingstliche Gemeinschaft von Schwarzen auf der Welt ist. Die Gemeinde hier in Huddersfield bestand hauptsächlich aus Jamaikern. Sie waren noch um etliche Grade lebendiger als ihre weißen Geschwister in der Elim-Gemeinde!

Am Ende einer Versammlung, als Gelegenheit für Fragen war, stand jemand von den Zuhörern auf und fragte: »Schwester Gulshan, weshalb hast du Jesus als ›Sohn der Maria‹ angesprochen?«

Ich hatte noch nie darüber nachgedacht, wie ungewöhnlich das für Leute klingen mußte, die es gewohnt waren, Jesus mit »Sohn Gottes«, »Heiland« und »Herr« anzureden. Wenn ich von Jesus als dem »Sohn der Maria« sprach, muß sich das für sie beinahe abfällig angehört haben. Dabei war es für mich eher das Gegenteil. Doch paßt diese Sichtweise sehr gut mit der zusammen, die der Koran von Jesus hat. Ich versuchte, dem Fragesteller meine Position in möglichst einfachen Worten zu erklären.

Zunächst berichtete ich, wie ich zu dieser Anrede gekommen war, und fügte hinzu: »Ihr müßt bedenken, daß ich zu jener Zeit überhaupt nichts von Jesus wußte. Das einzige religiöse Buch, das ich besaß, war der Koran, und darin wird Jesus als ›Sohn der Maria‹ bezeichnet. Zwar erkennt auch der Koran die Besonderheit der Geburt Jesu insofern an, daß kein Mann daran beteiligt war, aber diesem Umstand wird keine spezielle Bedeutung beigemessen, weil es bei den von Gott ausgerüsteten Boten fast in jedem Fall ungewöhnliche Begleiterscheinungen gegeben hatte. In dieser Hinsicht steht Jesus in den Augen der Moslems auf einer Stufe mit Adam, Abraham, Mose oder sogar Mohammed. Erst als Jesus mir in meinem Zimmer erschien, fing ich an zu begreifen, wer er wirklich war.

Das Licht, das in mein Zimmer schien, leuchtete auch in mein Herz und meinen Sinn hinein. Ich sah ganz deutlich, daß Jesus nicht nur ein Mensch war, sondern der Sohn Gottes, das Lamm, das für meine Sünden und für die Sünden der ganzen Welt geschlachtet worden war. Ich war so belehrt worden, daß wir ein Tier opfern mußten, um Vergebung der Sünden zu erhalten. Deswegen muß für jedes Familienmitglied alljährlich am ›Bacha Id‹ eine Ziege geopfert werden. So, wie das Blut des Tieres wegfließt, werden auch unsere Sünden hinweggenommen. Diese Prozedur mußten wir von Jahr zu Jahr wiederholen. Doch jetzt erkannte ich auf einmal, daß Jesus durch seinen Tod am Kreuz ein für allemal meine Sünden weggenommen hat.

All das wurde mir noch viel klarer, als ich anfing, die Bibel zu lesen. Der Koran lehrt, daß Jesus gar nicht wirklich gekreuzigt worden ist. Er entging dem Tod. Gott rettete ihn aus der Hand der Juden, die ihn umbringen wollten. An seiner Stelle wurde ein anderer geopfert. Wie gesagt, das lehrt der Koran. Jesus war tatsächlich der Sohn Marias, aber Maria war nicht, wie es im Koran heißt, die Schwester Haruns, sondern ein Nachkomme von König David.«

Ich freute mich sehr über die Möglichkeit, meinen Zuhörern weitergeben zu können, was ich über Jesus Christus gelernt hatte, und mich nicht nur auf mein Heilungserlebnis konzentrieren zu müssen. Das bedeutete für mich eine große Ermutigung.

Am Mittwoch, dem 6. Oktober, war ich eingeladen, zu einer Gruppe von pakistanischen Christen in Nelson/Lancashire zu sprechen. Das war meine erste Versammlung außerhalb von Huddersfield. Überhaupt mußte ich viele merkwürdige Namen lernen, die jede Woche in meinen Terminkalender eingeschrieben wurden.

Die Geschwister dort sagten mir, wie schwierig es für manche von ihnen sei, an einer der Grundwahrheiten des Christentums festzuhalten. »Unsere Landsleute, die Moslems geblieben sind, beschuldigen uns laufend, wir würden an drei Götter glauben. Es fällt uns außerordentlich schwer, ihnen klarzumachen, daß das nicht der Fall ist. Wie können wir jemandem die Dreieinigkeit Gottes erklären, wenn wir selbst Probleme haben, sie zu verstehen? Man wirft uns vor, wir würden, genau wie die Araber vor Mohammed, drei Götter verehren anstatt nur einen. Bekanntlich hatten die Araber drei Hauptgötter, die sie anbeteten, Al Ilah, Al Lat und Al Uzza. Es ist für sie völlig unlogisch, daß die Dreieinigkeit nicht drei Götter sind, sondern ein Gott in drei Personen.«

Theologische Fragen dieser Art waren jedoch nicht die einzigen Schwierigkeiten, denen sich die pakistanischen Christen gegenübersahen. Das sollte ich in den folgenden Monaten immer wieder feststellen. Die praktischen Fragen waren manchmal noch schwieriger zu lösen. Alles, was ich tun konnte, um ihnen zu helfen, war, daß ich sie an meinen Erlebnissen mit Jesus Christus teilhaben ließ und sie immer wieder ermutigte, an ihrem Glauben festzuhalten, so wie Jesus mir aufgetragen hatte zu sagen, das *er lebe und bald wiederkommen werde.*

Jedoch beschränkte sich mein Dienst nicht darauf, in Pfingstgemeinden und vor pakistanischen Christen zu sprechen. Nachdem ich aus Lancashire zurückgekommen war, hielt ich in drei anglikanischen Kirchen meinen Vortrag. Elizabeth und Eric begleiteten mich, und Eric fungierte als mein Übersetzer. Die Zuhörer waren viel gesetzter als die in den anderen Gemeinden, aber sie hörten aufmerksam zu, und viele brachten nach den Gottesdiensten mit freundlichen Worten ihren Dank zum Ausdruck.

Einige Tage später, am 17. Oktober, konnte ich einen der interessantesten Orte besuchen, die ich kenne: Oxford. Für mich war das ein ganz besonderes Erlebnis. Dem Namen nach war mir die Stadt bekannt. Ihr Ruf als wichtiger Ort zur Vermittlung akademischen Wissens war selbst bis in die entferntesten Dörfer Pakistans gedrungen. Jeder, der klug oder ehrgeizig genug war, träumte davon, einmal in Oxford zu studieren.

Mein Bruder Alim Shah hatte in Oxford Jura studiert und mir von dieser wunderschönen Stadt mit ihrer großartigen Baukunst vorgeschwärmt. Als wir durch die Straßen fuhren und ich die schönen Gebäude sah, wußte ich, was er gemeint hatte. Ich erinnere mich, daß er nach der glühenden Beschreibung hinzusetzte: »Natürlich ist es auch eine Stadt voll von Ungläubigen, zieht man die Zahl der Kirchtürme in Betracht, die dort in die Luft ragen!« Inzwischen weiß ich, daß gerade diese Kirchtürme eine Quelle ständiger Inspiration gewesen sind, die viele poetische Schilderungen hervorgerufen haben. Manche davon haben es zu unsterblichem Ruhm gebracht, so wie das Stück, das die Stadt als »Stadt der träumenden Kirchtürme« bezeichnet.

Von »träumenden Kirchtürmen« konnte allerdings, als ich sie das erste Mal sah, keine Rede sein. Ihr Anblick faszinierte mich, und ich konnte nicht anders, als mein Herz in tiefer Dankbarkeit himmelwärts zu richten, zu Gott, meinem Schöpfer. Und dazu sind die Türme ja im Grunde auch erbaut worden. Was ich damals nicht wußte, war, daß Gott gerade diesen Ort dazu bestimmt hatte, eine wichtige Rolle in meinem zukünftigen Leben zu spielen. Je mehr ich mit den Jahren über die Stadt gelernt habe, um so mehr ist mir aufgegangen, welch ein beredtes Zeugnis für den christlichen Glauben sie ist. Hat John Wycliffe nicht hier die Bibel aus dem Lateinischen in die englische Sprache übersetzt, so daß auch das gewöhnliche Volk sie lesen konnte? Wie glücklich müssen die Menschen darüber gewesen sein! Ich erinnere mich, daß ich bereits im Alter von sieben Jahren den Koran in der wunderschönen arabischen Dichtkunst gelesen habe und begeistert war. Aber als ich seine Bedeutung wirklich verstehen wollte, mußte ich mir heimlich ein Exemplar in meiner Muttersprache besorgen, um zu wissen, was darin stand.

Während man mich mit dem Wagen zum Haus meiner Gastgeber brachte, war es schwierig, den Scharen von Radfahrern auf den Straßen auszuweichen. Jeden Moment rechnete ich mit einem Zusammenstoß. Sie schienen einfach überall zu sein und schlängelten sich durch die kleinste Lücke, wobei ihre schwarzen Gewänder im Wind flatterten. Ich war total überrascht, denn ich hatte immer gemeint, so viele Fahrradfahrer könne es nur in Pakistan geben!

Ich war für dieses Wochenende bei dem Pastor der asiatischen Gemeinde einquartiert. Pater Bernard hatte die Versammlungen arrangiert. Es war mir eine Freude, den Pastor kennenzulernen, besonders da er ebenfalls der einzige aus einer moslemischen Familie war, der zu Christus gefunden hatte. Die meisten Christen in Pakistan und Indien kommen aus Familien, die im vorigen Jahrhundert durch die Arbeit europäischer Missionare Christen geworden sind. Ich hatte den Eindruck, vieles mit dem Pastor gemeinsam zu haben, der mich, ebenso wie seine Familie, herzlich begrüßte und in seinem Haus willkommen hieß.

Die Kirche St. Lukas in der Canning Street war für diese speziellen Zusammenkünfte gemietet worden. Normalerweise versammeln sich die asiatischen Christen in einer Baptistengemeinde in der Witham Street zum Gottesdienst, der sonntags um 15 Uhr stattfindet. Viele dieser Christen hatten mein Zeugnis bereits auf Kassette gehört, aber sie brannten darauf, so wie andere auch, es nochmals von mir persönlich zu hören.

Am ersten Abend, als die indischen Frauen, elegant gekleidet in ihre schönen, farbenfrohen Saris, die Kirche betraten, fühlte ich mich direkt nach Indien zurückversetzt. In Pakistan hatte ich gewöhnlich nur pakistanische Kleidung gesehen. Wie ich später erfuhr, kamen viele von ihnen aus dem Panjab, zum Teil aus derselben Gegend oder sogar denselben Dörfern. Sie bildeten eine festgefügte Gemeinschaft.

Für mich war es ein bewegendes Erlebnis, vor diesen Menschen stehen zu dürfen und dabei an die Worte Jesu zu denken: »Mein Volk ist dein Volk.« Wahrhaftig, aus jedem Volk, aus jedem Stamm hat er sie zu sich gerufen! Im Geist sah ich mich in den Himmel versetzt. Wie wunderbar wird es einmal sein, wenn wir alle, bekleidet mit weißen Gewändern, vor dem himmlischen Thron stehen und das Lamm preisen, das für uns geschlachtet worden ist! Menschliche Unterschiede werden an jenem Tag keine Rolle mehr spielen. Wir werden auch keinen Übersetzer mehr brauchen, so wie ich hier zum ersten Mal in England keinen brauchte.

Die Versammlung wurde auf Panjabi geleitet, und ich sprach in Urdu. Beide Sprachen waren meinen Zuhörern geläufig. Der Klang der indischen Instrumente – Dolki, Gabaza, Maracas, Tamburin, Tabla und Akkordeon – schallte durch das Gebäude und half uns, unsere Herzen in Dank und Anbetung zu unserem Erlöser und Herrn Jesus Christus zu erheben.

Der Chorleiter, ein junger, enthusiastischer Christ, kam nach dem Gottesdienst zu mir und sagte: »Schwester Gulshan, ich arbeite bei Radio Oxford in der Woodstock Road. Ich kann dafür sorgen, daß du für ein spezielles Programm interviewt wirst, das jedes Jahr zu Weihnachten ausgestrahlt wird.«

Ich wollte meinen Ohren nicht trauen. Ich, Gulshan Esther, sollte über Radio Zeugnis für Jesus in England ablegen! Was würden meine Angehörigen sagen, wenn sie das erführen? Begeistert stimmte ich seinem Vorschlag zu. Es konnte gar keinen besseren Zeitpunkt geben, um von der Heilungskraft Jesu zu berichten, die ein solch herrliches Wunder an meinem verkrüppelten Körper getan hatte. Doch noch herrlicher würde es sein, die Sentimentalität, die häufig das Weihnachtsfest umgibt, mit der wunderbaren Botschaft zu durchdringen: *Ich bin der Weg, die Wahrheit und das Leben.* Das würde all jenen Lichtern, die zu Weihnachten leuchten, erst den richtigen Glanz verleihen und diesem größten aller christlichen Feste einen Teil seiner ursprünglichen Bedeutung zurückgeben.

Der Programmdirektor war mit dem Vorschlag einverstanden. Es wurde vereinbart, daß der Chorleiter mir die Fragen stellen sollte. Am Abend vorher betete ich: »Herr Jesus, ich bin nichts. Gebrauche du mich bitte, um deinen Namen zu verherrlichen!« Der Pastor brachte mich mit seinem Wagen zum Sender. Ein bißchen aufgeregt war ich schon. Noch nie in meinem Leben hatte ich ein Rundfunkstudio von innen gesehen. Ich wurde dem Programmdirektor, einem Engländer, vorgestellt, der uns in den Aufnahmeraum führte. Der Chorleiter war bereits da. Er erklärte mir genau den Ablauf.

»Zuerst stelle ich eine Frage. Bei deiner Antwort benutzt du bitte dieses Mikrophon. Wenn ich meine, du solltest aufhören zu reden, hebe ich den Finger. Das darfst du auf keinen Fall vergessen, denn du trägst bei der Aufnahme einen Kopfhörer. Hier, setz ihn einmal auf! Wir machen zuerst einen Probedurchgang.«

Die Fragen, die er mir stellte, lauteten z. B.: Wo sind Sie geboren? Aus was für einer Familie kommen Sie? Worin bestand Ihre Krankheit? Wie ist es zu Ihrer Heilung gekommen? Wer hat Sie Ihrer Ansicht nach geheilt? Meine Antworten mußten kurz und präzise sein. Das Programm dauerte nämlich nur eine halbe Stunde. Wir gaben uns große Mühe und waren erleichtert, als jeder zufrieden und das Ganze vorüber war. Ich war glücklich und demütig zugleich bei dem Gedanken, daß mein Stimmchen der Liste jener berühmten Stimmen hinzugefügt worden war, die über die Jahrhunderte in dieser schönen Stadt für Jesus Zeugnis abgelegt haben. Meine Freunde in Huddersfield freuten sich mit mir, als ich zu ihnen zurückkehrte.

Kapitel 6

Der Preis der Nachfolge

Das schöne Wochenende in Oxford wirkte auf mich belebend und neu motivierend. Ich war begeistert von dem Programm, das Pater Bernard für mich geplant und organisiert hatte. An Einladungen fehlte es nicht. Wie Jesus versprochen hatte, öffnete er selbst die Türen. Jeden Tag verbrachte ich viel Zeit mit Beten und Bibellesen, denn ich wollte ganz nahe bei meinem Herrn bleiben. Ich wußte, daß er dann mit mir durch die von ihm geöffneten Türen gehen würde. Mir war kein anderer Weg bekannt, um ganz sicher zu sein, daß sein Name allein verherrlicht werden würde.

Als ich nach Huddersfield zurückkam, wartete eine Einladung von Pastor Samuel in Sheffield auf mich. Ich sollte in seiner Gemeinde sprechen und auch mein Zeugnis weitergeben. Drei Tage waren dafür angesetzt, Dienstag, Mittwoch und Donnerstag abend. Pastor Samuel bedauerte, mich nicht selbst abholen zu können, da er nur ein Motorrad fuhr. Das war für mich jedoch kein Problem. Ich wußte, daß Eric mich zum Busbahnhof bringen und dafür sorgen würde, daß ich in den richtigen Bus einstieg. Nach und nach wurde dies für mich normal, je mehr ich mir zutraute, allein zu reisen. Mit der Zeit wurde ich richtig vertraut mit Bussen und Fahrplänen.

Die Busfahrten waren entspannend, und ich genoß es, einfach auf meinem Platz zu sitzen und mich an der wunderschönen Landschaft zu erfreuen, die am Wege lag. Leicht und ruhig glitt der Bus über die glatten Straßen – im scharfen Gegensatz zu dem Geruckel, das ich von Pakistans Holperstraßen gewohnt war. Noch besser war, daß es keine Stehplätze, kein Schieben und Drängen, kein Durcheinander und keine Diskussion wegen der Sitzplätze gab. Schön war auch, nicht von fliegenden Händlern belästigt zu werden, die unterwegs ihre Ware an den Mann bringen wollten.

Der auffälligste Unterschied zu den Busfahrten in Pakistan waren aber die langen Strecken, auf denen keiner ein Wort sprach. Bei uns zu Hause ist es normal, daß die Leute sich unterhalten, oft sogar in voller Lautstärke. In England dagegen gibt es nur kurze, höfliche Gespräche. Jeder nimmt Rücksicht auf den anderen. Es gehört sich so, daß man selbst für die geringsten Dienste ein »Dankeschön« findet. In Pakistan bedanken sich nur die Armen, und zwar für das Vorrecht, den Reichen dienen zu dürfen!

Ich kam am Montag in Sheffield an und verbrachte den Abend im Kreis der Familie von Pastor Samuel. Er sprach Urdu, und so war es leicht für ihn, sich mit mir zu unterhalten und auch als mein Übersetzer zu fungieren. Ich konnte ihn nur bewundern. Er schien ein wirklicher Meister im Übersetzen zu sein, der auch die feinen Unterschiede einer Sprache erfaßte, die zum richtigen Verstehen notwendig sind und den Zuhörern Gefühlstiefe vermitteln. Besonders interessant und amüsant war es jedoch für mich, ihn auf seinem Motorrad zu beobachten, denn dabei wurden einige lebhafte Erinnerungen in mir wach.

Ich mußte an den Tag denken, an dem ich das erste Mal auf dem Soziussitz meines Neffen gesessen und mich in Todesangst an ihn geklammert hatte. Ich hatte das merkwürdige Gefühl gehabt, durch die Luft zu »fliegen«. Noch eindrücklicher war aber das Erlebnis, das ich einige Zeit später gemacht hatte. Ich sollte bei einer Sommerfreizeit für Frauen in Murree sprechen, einem ehemaligen Gebirgsstützpunkt, der auf die Zeit der britischen Radschas zurückging. Inzwischen war er zu einem Zentrum für verschiedenste christliche Aktivitäten geworden. Unterschiedliche Gruppen von Christen aus ganz Pakistan hielten dort ihre Konferenzen und Freizeiten ab. Ich sollte per Bahn nach Rawalpindi und von dort weiter zum Mubarik-Gelände reisen, wo ich als Hauptrednerin der Frauenkonferenz dienen würde.

Mein Neffe bat mich inständig, doch meine Pläne zu ändern und bei seiner Hochzeit dabeizusein, die an dem gleichen Wochenende stattfinden sollte. Obwohl ich eigentlich keine Zeit hatte, erklärte ich mich nach anfänglichem Zögern bereit, meine Reisepläne so weit zu verändern, daß ich an der Hochzeit teilnehmen konnte. Das geschah in erster Linie in der Hoffnung, daß ich dabei eine Gelegenheit finden würde, meinen Angehörigen meinen Glauben an Jesus zu bezeugen. Doch alle Erklärungen, daß Jesus der Sohn Gottes sei, brachten mir nur Hohn und Spott ein. »Ach, sie ist verrückt«, hieß es, »laßt sie, sie kann nichts dazu!« Und weiter: »Sie gehört nicht mehr zur Verwandtschaft, sprecht nicht mit ihr!« Diese herzlosen Bemerkungen taten mir sehr weh.

Es war nicht verwunderlich, daß sich später, als ich zum Busbahnhof mußte, niemand bereit fand, mich hinzufahren. Meine Schwester schlug vor, daß ich bis zum nächsten Morgen bleiben sollte, aber dann hätte ich sämtliche Anschlüsse verpaßt. So schlüpfte ich, ohne mich von den anderen zu verabschieden, aus dem Haus und stellte mich in der Dunkelheit an den Straßenrand. Dabei betete ich leise: »Herr Jesus, du kennst meine Situation. Bitte, bewahre mich und hilf mir, rechtzeitig zum Busbahnhof zu kommen. Ich lege mich getrost in deine Hand.« Augenblicklich verspürte ich die Gegenwart Gottes, die mich von allen Seiten einhüllte. Trotz der Dunkelheit fühlte ich mich an dem einsamen Ort sicher.

Plötzlich hörte ich in der Ferne das leise Brummen eines Motorrades und sah kurz darauf das Licht eines Scheinwerfers näher kommen. Es war eine Rikscha. Neue Hoffnung erfüllte mein Herz, und ich betete, daß der Fahrer auf mein Winken hin anhalten möge. Gott sei Dank, er tat es!

»Können Sie mich so schnell wie möglich nach Badami Bagh bringen?« fragte ich. »Ich muß einen Bus erreichen, der in aller Kürze nach Rawalpindi abgeht.« Keinen Augenblick dachte ich darüber nach, daß das vielleicht sehr gefährlich sein könnte. Der Fahrer nickte, ich stieg ein, und nach einer rasenden Fahrt durch die Straßen erreichten wir den 25 Kilometer entfernten Busbahnhof in Rekordzeit.

Dort angekommen, ergriff der Rikschafahrer meine Tasche, trug sie zur Haltestelle der Watan-Buslinie und verstaute sie unter einem der vorderen Sitze. Ich konnte sein Gesicht nicht erkennen, da er eine Art Kapuze über den Kopf gezogen hatte und ein langes braunes Gewand trug. Als ich ihn für seine Dienste bezahlen wollte, wandte er sich mir halb zu und sagte: »Gott hat mich geschickt, um Ihnen zu helfen. Gehen Sie hin in Frieden!«

Ich war von Ehrfurcht erfüllt und konnte nur über die Güte Gottes staunen. Meine Angehörigen hatten sich geweigert, mich zum Bus zu bringen, und ich hatte sogar den spöttischen Ausspruch gehört: »Wir wollen unser Auto nicht schmutzig machen. Bitte doch deinen Jesus, dich hinzubringen!« Wie gerne hätte ich ihnen erzählt, daß ich genau das getan und er mein Gebet auf solch wunderbare Weise erhört hatte. Aber wahrscheinlich hätte das auch nichts geändert.

Zurück nach Sheffield: Pastor Samuel hatte für die Veranstaltungen die Aula einer Schule gemietet. Bereits am ersten Abend war der Saal voll, und wir hatten nach guter pfingstlicher Sitte einen fröhlichen Gottesdienst mit viel Gesang. Eine große Freude strahlte von diesen lieben Geschwistern aus. Die Atmosphäre war von der Realität Jesu erfüllt, der durch die Reihen ging, Menschen anrührte und gesund machte. Kein Wunder, daß aller Augen erwartungsvoll auf mich gerichtet waren, als ich aufstand und zu sprechen begann. Was ich mit Jesus erlebt hatte, fand ein starkes Echo in den Herzen und Gedanken derer, die gleich mir die Heilungskraft Jesu am eigenen Leib erfahren hatten. In Gedanken hatte ich mich vorher jedoch mit dem Apostel Petrus beschäftigt, und plötzlich »klickte« es bei mir. Jesus hatte mir aufgetragen, seinem Volk zu sagen: »*Ich lebe und werde bald wiederkommen.*« Erstmalig ging mir auf, wie kostbar diese Wahrheit gerade für Petrus gewesen war. War er es nicht, der die Gläubigen ermahnt hatte, ihre Augen auf Jesus gerichtet zu halten und treu auf seine Wiederkunft zu warten? In 2. Petrus 3,2-4,8-10 heißt es:

> »... damit ihr gedenkt der von den heiligen Propheten zuvor gesprochenen Worte und des durch eure Apostel übermittelten Gebotes des Herrn und Heilandes. Dies sollt ihr zuerst wissen, daß in den letzten Tagen Spötter mit Spötterei kommen werden, die nach ihren eigenen Begierden wandeln und sagen: Wo ist die Verheißung seiner Ankunft? Denn seitdem die Väter entschlafen sind, bleibt alles so von Anfang der Schöpfung an ... Dies eine aber sei euch nicht verborgen, Geliebte, daß beim Herrn *ein* Tag ist wie tausend Jahre und tausend Jahre wie *ein* Tag. Der Herr verzögert nicht die Verheißung, wie es

einige für eine Verzögerung halten, sondern er ist langmütig euch gegenüber, da er nicht will, daß irgendwelche verloren gehen, sondern daß alle zur Buße kommen.«

Gottes Langmut war das eigentliche Wunder, nicht meine körperliche Heilung. Ich werde eines Tages sterben, aber Gottes Gabe des ewigen Lebens, die er allen schenken möchte, ist es, wonach wir uns ausstrecken sollen. Das war der Kern meiner Botschaft an diejenigen, die gekommen waren, um mich an jenem Abend in Sheffield zu hören.

Es war ein langer Gottesdienst von drei Stunden, aber ich fühlte mich getragen und gestützt. Es war, als ob ich einen Gürtel der Kraft um meine Taille trüge, der mich aufrechterhielt. Viele kamen nach der Versammlung zu mir und meinten: »Dies ist wirklich Gottes Werk.« James, der Direktor der Schule, freute sich ganz besonders und sagte: »Ich sehe, daß Jesus Menschen aus jeder Nation ruft und zu seiner Herde hinzufügt.« Merkwürdig, genau der gleiche Gedanke war mir in Oxford gekommen! Hatte Jesus mich vielleicht extra von Pakistan nach England gebracht, um seine Schafe hereinzuführen? Ein wunderbarer Gedanke! Der britische Konsul in Islamabad hatte zwar gemeint, Missionare würden von England nach Pakistan gehen und nicht umgekehrt. Aber hier war ich, ein ehemals verkrüppeltes Moslemmädchen, das Jesus zu neuem Leben erweckt und zu einer seiner »Missionarinnen« gemacht hatte! In der Tat, es ist ihm ein leichtes, alle unsere irdischen Gedanken über den Haufen zu werfen.

Am letzten Abend brachte James einen seiner Schüler mit, den er mir nach dem Gottesdienst vorstellte. Es war ein Moslemjunge von 16 Jahren, ein glühender Anhänger des Propheten Mohammed. Sein Vater war auch dabei. Sie hatten ihren Koran mitgebracht und wollten, daß ich ihnen darin die Verse zeigen sollte, die von Jesus handeln. Als ich die Hand nach dem Buch ausstreckte, weigerten sie sich, es mich anfassen zu lassen. »Sie dürfen unseren Koran nicht berühren«, erklärte der Vater rigoros. »Es ist ein heiliges Buch, das nicht von Ungläubigen berührt werden darf. Sie sind Christ geworden, also ein Ungläubiger, da dürfen Sie den Koran nicht anfassen!« Seine Stimme klang drohend, und er hielt das Buch schützend an sich gepreßt.

Ich erinnerte mich daran, wie mein Vater mit dem Koran umzugehen pflegte. Er nahm ihn vom Regal herunter, dem höchsten Platz im ganzen Zimmer, weil nichts auf oder über dem Koran stehen darf. Vater küßte die grünseidene Umhüllung und sagte die Eröffnungsworte auf: »Bismillah i-Rahman-ir-Rahe-em« (»Im Namen Allahs, des Erbarmers, des Barmherzigen«). Dann entfernte er die grünseidene Hülle, nachdem er sich zuvor gründlich der vorgeschriebenen Reinigungszeremonie, *Wudu* genannt, unterzogen hatte. Er wiederholte die *Bismillah* und legte den Koran auf einen *rail,* einen speziellen, x-förmigen Ständer, wobei er darauf achtete, das Buch nur mit den Finger-spitzen zu berühren.

Diese Vorstellung machte mir die soeben erlebte Abfuhr etwas leichter. Freundlich sagte ich, zu Vater und Sohn gewandt: »Mohammed ist mein Vorfahr. Wie können Sie da sagen, ich dürfe sein Buch nicht berühren? Darf ich als Nachkomme Mo-hammeds nicht einmal sein heiliges Buch anfassen? Mein Vater war ein *Pir,* der den Namen *Schah* trug. Ich heiße immer noch Gulshan Esther Schah. Die Tatsache, daß ich kein Moslem mehr bin, hat mich nicht des Vorrechts enthoben, diesen Namen tragen zu dürfen. Wenn Sie Mohammed Ehre erweisen, wie Sie das ja offensichtlich tun, sollten Sie auch mir als seinem Nachkommen Respekt entgegenbringen. Ich gehöre jetzt zu Jesus Christus, von dem auch im Koran die Rede ist. Weshalb sollte ich das Buch nicht berühren dürfen, wenn Jesus selbst mir zuerst befohlen hat zu lesen, was im Koran über ihn geschrieben steht?«

Ich sprach einfach so, wie es mir in den Sinn kam. Bestimmt hätte ich bessere Argumente finden können, aber was ich sagte, reichte aus. Vater und Sohn musterten mich eine Weile prüfend. Besonders der Vater mit seinem langen Bart sah beinahe furcht-erregend aus. Schließlich reichten sie mir, wenn auch zögernd, den Koran. Ich schlug ihn auf und fand sehr schnell die Verse, die ich drei Jahre lang treu jeden Tag gelesen hatte. Zuerst las ich sie den beiden Männern auf Arabisch vor und forderte sie anschließend auf, sie selbst noch einmal zu lesen.

Als sie das getan hatten, brachten sie ihre Überzeugung unmißverständlich zum Ausdruck: »Wir glauben, daß Jesus ein heiliger Mann war, und wir verehren ihn auch. Wahrscheinlich war er sogar der Größte unter allen Propheten – Mohammed ausgenommen. Aber wir können einfach nicht glauben, daß er der Sohn Gottes war.« Ich erkannte, wie schwer es für sie sein mußte, diese Tatsache zu akzeptieren. Waren nicht auch die Juden über die gleiche Sache gestolpert? Hatten sie Jesus nicht der Gotteslästerung bezichtigt, weil er es wagte, sich mit Gott auf eine Stufe zu stellen?

Dieser Vater vor mir mit seinem Jungen sprach für die vielen, die gern bereit sind, Jesus als Prophet, als großen Lehrer und sogar als Boten Gottes zu akzeptieren, nicht aber als den, der er nach seinen eigenen Worten ist. »Nur Gott selbst kann uns diese Wahrheit klarmachen«, sagte ich, zu den beiden Männern gewandt. Ich schlug meine Bibel auf und las ihnen die Verse Matthäus 16,16-17 vor, wo es heißt:

> »Simon Petrus aber antwortete und sprach: Du bist der Christus, der Sohn des lebendigen Gottes. Und Jesus antwortete und sprach zu ihm: Glückselig bist du, Simon, Bar Jona; denn Fleisch und Blut haben es dir nicht geoffenbart, sondern mein Vater, der im Himmel ist.«

Dieses Gespräch fand im Saal vor den Ohren der Versammelten statt. Der Pastor übersetzte. Das Ergebnis erfüllte uns beide mit großer Freude, denn der Vater des Jungen sagte: »Als Gott Ihnen diese Wahrheit klargemacht hat, haben Sie sie geglaubt. Nun haben Sie sie an uns weitergegeben. Weshalb sollten wir nicht auch daran glauben? Wir sehen, daß Jesus Christus von Gott gekommen ist und daß er größer ist als alle Propheten. Ja, er muß der Sohn Gottes sein!« Das Licht Gottes hatte in ihren finsteren Herzen zu leuchten begonnen.

Von Sheffield zurückgekehrt, warteten weitere Einladungen auf mich. Ich war hoch erfreut darüber, daß so viele Pakistanis das Wort Gottes hören wollten. Viele, die nur dem Namen nach Christen gewesen waren, wandten sich von Herzen zum Herrn, baten ihn um Vergebung ihrer Sünden und weihten ihm ihr Leben. Immer mehr verstand ich, warum Jesus mich gerade zu »seinem Volk« und nicht zu denen gesandt hatte, die das Evangelium noch nicht gehört hatten.

Viele von denen, die in die Versammlungen kamen, waren in Pakistan geboren. Sie wußten um die Schwierigkeit, sich als

Christ in vorwiegend moslemisch geprägten Gebieten Großbritanniens aufzuhalten, ohne den Zorn der Moslems auf sich zu ziehen. Die Art und Weise, wie meine Angehörigen mich behandelt hatten, war für sie absolut nicht neu, und sie konnten gut mit mir mitfühlen. Ein festes, starkes Band der Zusammengehörigkeit wurde zwischen uns geschmiedet, während wir gemeinsam das Wirken Jesu in unserer Mitte erlebten.

Ein Mann, der mit Herzbeschwerden im Krankenhaus lag, hörte mein Zeugnis. Er war entschlossen, an den Versammlungen teilzunehmen, und ließ sich zu diesem Zweck beurlauben. Abend für Abend war er da, und ich betete für ihn. Am letzten Abend kam er freudestrahlend nach vorne, um zu berichten, was geschehen war. Während ihm die Tränen über die Wangen liefen, begann er: »Am Donnerstag abend hatte ich eine Vision, in der ich mich einer Operation unterziehen mußte. Ich sah, wie bei dieser Operation Fett aus der Umgebung meines Herzens weggeschnitten wurde. Am nächsten Tag wurde ich geröntgt, und als die Ärzte sich die Röntgenaufnahmen ansahen, konnten sie nichts Krankhaftes mehr finden. Jesus hat mich vollkommen geheilt!« Voller Freude über die Allmacht und Güte Gottes ging er nach Hause.

Ein anderes ermutigendes Zeugnis kam von einer Frau, die Probleme mit ihren Augen gehabt hatte. Sie hatte die Augenabteilung eines Krankenhauses in Huddersfield aufgesucht und von den Spezialisten erfahren, daß sie innerhalb von vier Wochen auf beiden Augen blind sein würde. Zu Tode betrübt über diese Nachricht, kam sie Abend für Abend in die Versammlungen, im festen Glauben, daß Jesus auch sie heilen könne. Ihr Glaube wurde belohnt! Am letzten Abend während des Gebets rührte Jesus sie an, und sie konnte augenblicklich wieder klar sehen. Als sie den Arzt von neuem aufsuchte, konnte er nichts Schlimmes mehr feststellen. Die Krankheit war völlig verschwunden.

Es war anscheinend nicht zu vermeiden, daß die Zeichen, die Jesus in seiner Liebe unter uns tat, bei manchen zu der Frage führte: »Schwester Gulshan, wir sehen, daß die Heilungskraft Jesu durch dich fließt. Weshalb hältst du nicht spezielle Heilungsversammlungen ab? Viele Menschen würden sich dadurch zu Christus bekehren und die Schar derer vergrößern, die seinen Namen bezeugen.«

Vor dieser Art von Versuchung war ich immer besonders auf der Hut gewesen. Für mich bedeutete sie nichts anderes als eine neue Version dessen, was meine Tante mir geraten hatte: ich solle den Armen Almosen geben. Die Geschichte von der Versuchung Jesu in der Wüste war mir bei solchen Gelegenheiten stets ein besonderer Trost gewesen. War er nicht auch versucht worden, etwas zu tun, was die Menschenmassen anziehen würde, indem er Steine zu Brot machte, um der menschlichen Not zu begegnen? Doch seine Antwort: »Nicht von Brot allein soll der Mensch leben, sondern von jedem Wort, das durch den Mund Gottes ausgeht« (Matthäus 4,4), wurde meine Richtschnur und half mir, die Prioritäten richtig zu setzen. Ich hatte den Auftrag, die Botschaft Jesu weiterzugeben, die Botschaft der Errettung – und sein Volk daran zu erinnern, daß er bald wiederkommen werde.

Am 1. November traf ich mich mit einer Gruppe von Moslemfrauen in einem Klassenzimmer in Bradford. Es handelte sich um Frauen, die noch nicht lange in England waren. Mit der Verständigung gab es keine Probleme, da sie alle entweder Urdu oder Panjabi sprachen. Ich teilte ihnen zunächst kurz mit, wie Jesus Christus mir begegnet war und mich auf wunderbare Weise geheilt hatte. Anschließend war Gelegenheit zum Gedankenaustausch gegeben. Sie stellten mir etliche Fragen über meinen neuen Glauben, aber die Konsequenzen, die sich daraus ergeben würden, den Islam zu verlassen und Christ zu werden, nahmen den restlichen Vormittag in Anspruch.

Eine Frau sagte zu mir: »Schwester, ich respektiere Sie und verstehe auch, was Sie uns sagen wollen. Aber ich habe Angst davor, an Jesus zu glauben, weil ich genau weiß, was passieren würde, wenn mein Mann oder mein Vater oder auch nur mein Bruder davon erführen. Ich würde von allen verachtet, vielleicht sogar aus dem Haus gejagt werden. Was sollte ich dann machen? Wenn so etwas in Pakistan passiert, ist es für eine Frau schon schlimm genug. Aber hier in Bradford wäre es direkt katastrophal. Ich könnte es nicht ertragen.« Ich empfand tiefes Mitleid mit ihr, denn ich wußte genau, wovon sie sprach und wie sie fühlte. Auch die anderen Frauen wurden langsam offener und begannen, sich mitzuteilen.

»Wir sind erst kürzlich nach England zu unseren Männern gekommen. Viele von ihnen sind lange Zeit allein hier gewesen. Sie wollten uns nicht holen, ehe sie eine gute Arbeitsstelle gefunden und genug Geld gespart hatten, um entweder allein oder mit jemand zusammen ein Haus zu kaufen. Wie können wir nur im entferntesten daran denken, den islamischen Glauben aufzugeben? Wir würden ja alles, wofür unsere Männer so lange und so schwer gearbeitet haben, aufs Spiel setzen. Unser Familienleben wäre gefährdet. Sie wollen doch bestimmt nicht, daß wir unseren Männern weh tun, oder?«

»Jawohl«, fiel eine andere Frau ein. »Wenn wir wenigstens Englisch könnten, wäre das alles vielleicht nicht ganz so schlimm. Dann würden wir möglicherweise Arbeit finden und selbst für uns sorgen können.«

Eine andere meinte: »Aber was würde aus unseren Kindern? Ihr wißt doch selbst, wie es ist. Jetzt, wo wir wieder alle zusammen sind, hat man das Gefühl, nie von Pakistan weggegangen zu sein. Wir pflegen enge Kontakte zu unseren Onkeln und Tanten und deren Kindern. Wir helfen und unterstützen uns gegenseitig. Sie können doch nicht von uns verlangen, daß wir unsere Familien zerreißen. Das geht einfach nicht.«

In dieser Weise ging das Lamento weiter: »Bald werden unsere Kinder alt genug sein, daß wir uns überlegen müssen, wen sie heiraten sollen. Wir können es uns nicht leisten, jedesmal, wenn wir für unsere Söhne und Töchter Ehepartner suchen, nach Pakistan zu fahren. Deshalb müssen wir die guten Beziehungen innerhalb unserer Volksgemeinschaft aufrechterhalten. Wir dürfen uns nicht mit den anderen entzweien. Zu viel steht auf dem Spiel.«

Ich beschloß, ihnen etwas über meine eigenen Erfahrungen mit meinen Angehörigen mitzuteilen. Nachdem ich von zu Hause fortgegangen war und meine Arbeitsstelle in der »Sunrise School for the Blind« angetreten hatte, war es mir immer noch ein Anliegen gewesen, ein gutes Verhältnis zu meinen Geschwistern beizubehalten. So hatte ich meinen jüngeren Bruder Alim Schah angerufen. »Ich dachte, du solltest wissen, daß ich Christ geworden bin«, sagte ich zu ihm. Er war entsetzt. »Was hast du da getan!« schalt er. »Komm sofort nach Hause und vergiß den ganzen Blödsinn!«

»Wie könnte ich, nachdem ich Jesus, den Weg, die Wahrheit und das Leben, gefunden habe?« fragte ich.

»Bist du denn ganz und gar verrückt geworden?« fuhr er mich an. »Wenn du weiter solche Dinge erzählst, ist meine Tür für dich ein für allemal geschlossen. Was mich angeht, bist du gestorben!«

Meine Zuhörerinnen hielten förmlich die Luft an, als ich erzählte, wie das Gespräch mit meinem Bruder weitergegangen war. »Wie kann ich die Wahrheit verleugnen, nachdem ich sie endlich gefunden habe?« fragte ich.

Grimmig erwiderte er: »Unter diesen Umständen ist meine Tür für dich geschlossen. Du bist tot! Ich will dich nie mehr sehen, und du wirst mich auch nie mehr sehen.« Mit diesen Worten knallte er den Hörer auf die Gabel.

Die Frauen sahen einander an. Sie brauchten nichts zu sagen. Jede wußte genau, was die anderen dachten: Wenn das mir passieren würde, was dann? Sie baten mich zu erzählen, wie es weitergegangen war, und ich fuhr mit meinem Bericht fort!

»Am gleichen Tag beschloß ich, allen meinen Angehörigen reinen Wein einzuschenken und ihnen mitzuteilen, daß ich Christ geworden war. Die Reaktion meines ältesten Bruders traf mich keineswegs unvorbereitet. Er schrieb: ›Liebe Schwester, du hast Allah früher sehr liebgehabt, und mein Vater hat dich sehr liebgehabt. Du hast viel von ihm gelernt in bezug auf den Islam. Du solltest wissen, daß die Tochter eines Sayed nicht den Weg gehen kann, den du eingeschlagen hast. Du mußt wieder umkehren. Alim hat mir mitgeteilt, daß du an Jesus als den Sohn Gottes glaubst. Das ist nicht richtig für jemand aus unserer Familie und Religionszugehörigkeit. Komm zu mir nach Hause und höre, was ich dir zu sagen habe. Wie du weißt, liegen die Urkunden für deinen gesamten Besitz bei mir. Unmöglich kann eine Christin alle diese Besitztümer erhalten. Wenn du dich nicht freiwillig vom Christentum lossagst, muß ich dich unter Umständen sogar töten. Wie du weißt, gestattet mir meine Religion, eine Schwester, die Christ geworden ist, zu töten und trotzdem Eingang ins Paradies zu finden.‹«

Meine Geschichte schien ihre schlimmsten Befürchtungen zu bestätigen. »So etwas könnten *wir* nicht ertragen«, meinten sie.

Ich sah sie offen an und erwiderte: »Wenn Sie Jesus Christus in Ihr Herz aufnehmen und ihn zum Herrn und Heiland Ihres Lebens machen, wird er Ihnen Kraft und Mut geben, noch schlimmere Verfolgung zu ertragen. Er ist treu und hält das, was er seinen Kindern versprochen hat.«

Ihre Antwort lautete: »Wir werden beten, daß Jesus in unser Herz kommt, so wie Sie drei Jahre lang zu ihm gebetet haben. Wenn er sich uns so offenbart, wie er Ihnen erschienen ist, dann werden wir an ihn glauben.«

Kapitel 7

Die christliche Familie

Mein Reisedienst ging mit unverminderter Intensität weiter. Kaum hatte ich eine Versammlungsreihe beendet, stand bereits die nächste an. Wie dankbar war ich meinem Herrn, daß ich nie müde noch matt wurde, sondern immer von neuem seine Kraft verspürte, die mich stützte. Das Wissen um die Quelle dieser übernatürlichen Kraft gab mir ein gesundes Durchhaltevermögen.

Am 3. November kehrte ich nach Huddersfield zurück. Doch ich sollte nicht lange Gelegenheit haben, mich »auf meinen Lorbeeren auszuruhen«. Bereits zwei Tage später war ich wieder unterwegs, diesmal mit London als Ziel. Eric brachte mich zum Busbahnhof, wo ich den Bus nach London bestieg. Bei meinem ersten Besuch vor 16 Jahren hatte ich im Rollstuhl gesessen und war mit meinen beiden Dienerinnen ans Zimmer gefesselt gewesen. Jetzt dagegen konnte ich mich frei bewegen und hinfahren, wohin ich wollte. Je näher der Bus der Hauptstadt kam, um so mehr freute ich mich auf diese Metropole, von der ich bereits so viel gehört hatte. Später sollte ich auch Gelegenheit haben, bestimmte Teile von London per Auto kennenzulernen.

Pastor Daniel Singh, der mich eingeladen hatte, war der verantwortliche Leiter der asiatischen Gemeinde. Diese bestand hauptsächlich aus pakistanischen Christen. Der Pastor selbst stammte aus einer Sikh-Familie. Ich war nicht überrascht, daß er keinen Turban mehr trug, in den er sein langes Haar eingebunden hatte, auch keinen Kamm oder Dolch. »Diese Dinge haben wir gegen das Kreuz Christi eingetauscht«, erklärte er mir. »Wir tragen diese Kennzeichen des Gehorsams gegenüber den Lehren von Guru Nanak und dem Granth Sahib nicht mehr. An ihrer Stelle haben wir die Waffenrüstung Gottes angelegt – den Gürtel der Wahrheit, den Brustpanzer der Gerechtigkeit, das

Evangelium des Friedens an unseren Füßen, den Schild des Glaubens, den Helm des Heils und das Schwert des Geistes.«

Ich lernte seine Familie kennen, die alle Christen waren. Bei den Sikhs ist es üblich, daß sich ganze Familien zum Christentum bekehren und nicht nur Einzelpersonen. In diesen Familien herrscht dadurch natürlich eine warme, herzliche Atmosphäre. Auch die Frauen sind viel ruhiger und gelassener, da keine so strenge Unterwerfung unter den Willen der Männer von ihnen gefordert wird wie von den Moslemfrauen.

Am 18. November wurde ich von einem Ältesten nach Bedford geholt, wo ich drei Tage blieb. Die Gemeinde, die mich eingeladen hatte, war eine Methodistenkirche mit einem englischen Pastor. Die Mitglieder waren in der Hauptsache Inder. Mir persönlich waren die Methodisten bekannt, denn die erste Gemeinde, die ich in Pakistan nach meiner Bekehrung besucht hatte, war die Methodistenkirche in der Warris Street in Lahore gewesen. Dort hatte ich zum ersten Mal erlebt, wie schön es ist, mit anderen Christen Gemeinschaft zu haben.

Es war vorgesehen, daß ich am Donnerstag, Freitag und Samstag abend Hausversammlungen mit verschiedenen Gruppen von Leuten durchführen sollte. Unter ihnen befanden sich manchmal auch Moslems. Nach der Versammlung fragte mich einmal ein Moslem: »Wie können Sie nur mit Christen zusammenleben? Sie sind doch nicht in einer christlichen Familie aufgewachsen, sondern haben den größten Teil Ihres Lebens unter Moslems zugebracht.«

Seine Frage war freundlich gestellt und klang nicht so aggressiv, wie ich es sonst von Moslems gewohnt war, besonders von den Männern. Er schien echtes Interesse daran zu haben, wie ich mit den Veränderungen fertig geworden war und noch fertig wurde, die die natürliche Folge meiner Bekehrung zu Christus waren. Ich freute mich über die Gelegenheit, ihm zu erklären, wie ich diesbezüglich empfand und nach welchen Prinzipien ich mich zu richten versuchte. So sagte ich: »Die größte Veränderung hat in meinem Herzen stattgefunden und nicht in den äußeren Umständen. Im Neuen Testament heißt es: ›Ist jemand in Christus, so ist er eine neue Schöpfung; das Alte ist vergangen, siehe, Neues ist geworden.‹«

Weiter erklärte ich ihm, daß ich ein neuer Mensch in Jesus Christus sei mit neuen Bindungen und auch neuen Gefühlen der Liebe und Zugehörigkeit. »Ich bin durch die Liebe Jesu eins mit ihm, und weil auch andere Christen mit ihm eins sind, sind wir miteinander eins. Seine Liebe verbindet uns, und wir dürfen täglich in der Liebe zu ihm und zueinander wachsen. Andere Christen sind jetzt meine Brüder und Schwestern. In Jesus Christus sind wir zu einer neuen Familie geworden.

Als Jesus mir in meinem Zimmer erschien, sagte er zu mir: ›Mein Volk ist dein Volk.‹ Und an diese wunderbare Wahrheit erinnert er mich immer wieder. Sein Volk ist mein Volk. Deshalb liebe ich meine Geschwister, wie ich auch Jesus von ganzem Herzen liebe. Es fällt mir überhaupt nicht schwer, mit Menschen zusammenzuleben, die zu mir gehören und die ich wie mein eigen Fleisch und Blut liebe.«

Mit meinen Worten über die Liebe zueinander konnte dieser Mann jedoch nichts anfangen, wie aus seiner nächsten Frage deutlich hervorging. »Haben Sie noch nie daran gedacht, die Christen könnten Sie insgeheim hassen, auch wenn *Sie* sie nicht hassen?« wollte er wissen.

»Was meinen Sie damit?« fragte ich. »Ich habe doch keinem von ihnen etwas Böses getan. Weshalb sollten sie mich hassen?«

»Nun, Sie behaupten doch immer, Jesus selbst habe Sie angerührt und Ihren verkrüppelten Körper geheilt. Viele von den Christen können so etwas nicht von sich behaupten.«

Langsam begriff ich, was er sagen wollte. »Sie meinen, die Leute wären eifersüchtig und würden mich deswegen hassen? Nun, selbst wenn sie eifersüchtig wären – was ich nicht glaube –, so könnten sie sich doch eigentlich nur wünschen, daß Jesus das gleiche für sie tun möge, egal, ob sie an Körper, Seele oder Geist verkrüppelt sind.«

»Ja, aber es ist nicht nur das. Sie sind Pakistani, ein ehemaliger Moslem. Viele Europäer meinen, das Christentum sei ihre Religion. Wenn Sie sagen, daß Jesus Sie liebt, nehmen Sie eine Liebe für sich in Anspruch, die andere gepachtet zu haben glauben.«

Wie wenig hatte er doch vom Wesen des Christentums begriffen!

»Christus ist für alle Menschen da. Gott liebt die ganze Welt und nicht nur eine bestimmte Nation. Jesus ist für alle gestorben.« Dann zitierte ich den Apostel Paulus: »Da ist nicht Jude noch Grieche, da ist nicht Sklave noch Freier, da ist nicht Mann und Frau; denn ihr alle seid eins in Christus Jesus« (Galater 3,28).

Doch mein Gegenüber gab sich nicht so leicht geschlagen, und ich freute mich im stillen darüber, denn unsere asiatische Zuhörerschaft genoß die Diskussion ganz offensichtlich. Seine nächste Frage lautete: »Wie können Sie, die Sie nach dem *Purdah* erzogen sind, zusammen mit Männern in einem Gottesdienst sitzen? Sie wissen doch, daß die moslemischen Frauen nicht in die Moschee hinein dürfen, sondern zu Hause ihre Gebete verrichten. Sollten Sie nicht das gleiche tun?«

Besonders den moslemischen Männern fällt es schwer zu verstehen, wie man jahrhundertealte Traditionen in bezug auf die Stellung von Mann und Frau – sei es zu Hause oder im Gottesdienst – so offenkundig ignorieren kann. Die Scheidelinie zwischen Männern und Frauen ist im Islam praktisch zu einem Gottesgesetz erhoben worden, auch in bezug auf Dinge, die nicht aus dem Koran, sondern aus der Überlieferung stammen. Es fiel mir nicht leicht, eine Antwort auf diese Frage zu finden. Wenn sie zu simpel war, konnte das nur zu weiteren Mißverständnissen führen. Andererseits war es nicht der richtige Zeitpunkt, um zu sehr ins Detail zu gehen.

Nach kurzem Überlegen sagte ich: »Gott handelt mit jedem einzelnen von uns ganz persönlich. Wenn wir zum Gottesdienst zusammenkommen, geht es in erster Linie um Gott. Auf ihn sind unsere Gedanken und Herzen gerichtet. Unsere Liebe und Beziehung zueinander ist lediglich der Ausfluß der Beziehung zu Gott. Wenn wir ihn gemeinsam anbeten, ist sein Heiliger Geist unter uns gegenwärtig und reinigt uns von allen unwürdigen und sündhaften Gedanken, so daß wir Gott in Heiligkeit und Reinheit begegnen können. Wir sind Kinder Gottes, die ihren Vater im Himmel anbeten.«

Leider muß ich bekennen, daß ihn diese Gedanken nur noch mehr verwirrten. Der Heilige Geist war für ihn überhaupt kein Begriff. Hätte ich gesagt, wir würden Wasser benutzen, um uns zu reinigen und auf das Gebet vorzubereiten, hätte er das wohl wesentlich besser verstanden. So aber faßte er seine Eindrücke sehr klar in den Worten zusammen: »Für mich ist das Ganze total unlogisch. Wahrscheinlich können nur Christen es verstehen.«

Ich konnte das, was er sagte, gut nachempfinden. Es ist wirklich nicht leicht, eine Grenze zwischen Religion und Kultur zu ziehen. Man braucht ein ganzes Leben dazu, alle notwendigen Veränderungen und Anpassungen vorzunehmen. Ich bin so froh, daß Gott viel mehr daran interessiert ist, was in unseren Herzen vorgeht, und nicht in erster Linie auf unser Äußeres oder unser Verhalten schaut. Ich trage z. B. nach wie vor pakistanische Kleidung. Ich liebe pakistanisches Essen und höre mit Vorliebe Lieder und Chorusse auf Urdu. Aber Sinn und Ziel meines Lebens, meine Hoffnung in bezug auf die Zukunft und die Werte, die mir wichtig sind und nach denen ich mich zu leben bemühe, sind christlich. Nur wenn es um überlieferte Sitten und Gebräuche geht, fällt es mir manchmal schwer zu entscheiden, wo die Grenzen sind.

Das schnelle Tempo meines Dienstes nahm auch in der Folge nicht ab. Zwei Tage nachdem ich nach Huddersfield zurückgekehrt war, ging es weiter nach Halifax, wo ich an drei aufeinanderfolgenden Abenden sprechen sollte. Die Versammlungen fanden in der Elim-Pfingstgemeinde statt, und da die meisten der Anwesenden Engländer waren, fungierte Eric wieder einmal als mein Übersetzer.

Am Schluß einer Versammlung stand eine Frau in der Gemeinde auf und erklärte: »Heute ist meine Vision erfüllt worden!« Alle Köpfe drehten sich nach ihr um. Von was für einer Vision sprach sie? Gespannt warteten die Leute auf eine Erklärung.

Die Schwester begann: »Im August dieses Jahres, noch bevor Schwester Gulshan in England eingetroffen war, sah ich sie in einer Vision. Ich hatte abends wie gewohnt gebetet, und anschließend schenkte der Herr mir diese Vision. Ich sah Schwester Gulshan in ihrem weißen Mantel und mit der dunklen Brille. Jesus sprach zu mir: ›Dies ist meine Botin an meine Schafe.‹ Sie sah mich an. Jesus nannte mir auch ihren vollen Namen, aber ich konnte mich hinterher nur noch an Esther erinnern.« Zu mir gewandt, fuhr sie fort: »Seit jenem Tag habe ich mir brennend gewünscht, Sie kennenzulernen. Heute darf ich nun die Erfüllung meiner Vision erleben.«

Die ganze Versammlung freute sich mit über die wunderbare Erfahrung dieser Schwester. Besonders wichtig waren für sie die Worte Jesu, daß er selbst mich zu ihnen gesandt habe. Das war übrigens nicht das erste Mal, daß mir jemand sagte, ich werde von Gott gebraucht, um seine Schafe hereinzubringen. Was mich besonders faszinierte, war die Art und Weise, wie sie meinen christlichen Namen Esther mit meinem Auftrag in Verbindung brachte. War dieser Name vielleicht wichtiger als ich dachte? Ich erinnere mich noch gut an den Tag meiner Taufe. Die vier anwesenden Pastoren hatten eine Liste mit Namen bei sich, von denen sie einen für mich aussuchen sollten. Nachdem sie Gott um klare Weisung gebeten hatten, wählten alle vier den Namen Esther. Somit konnte ich der Gemeinde in Halifax versichern, daß mein christlicher Name weder von mir noch von einem anderen Menschen ausgesucht worden war, sondern von Gott selber.

Als ich später allein in meinem Zimmer war, drängte es mich, die Geschichte von Esther in der Bibel aufzuschlagen und nochmals zu lesen. Es ist bekanntlich eine sehr schöne Geschichte.

Als die Königin Wasti ihrem Mann, dem Perserkönig Ahasveros (d.i. Xerxes), ungehorsam gewesen war, wurde sie vom Thron verstoßen. Nun suchte der König nach einer neuen Königin. Ein Jude namens Mordechai, der seine Nichte Esther aufgezogen hatte, sorgte dafür, daß der König sie kennenlernte. Sie war sehr schön. Der König verliebte sich Hals über Kopf in sie und machte sie zu seiner Königin. Esther erhielt die besten Zimmer im Königspalast. Aber ihr Mann wußte nicht, daß sie eine Jüdin war.

Später wurde auf Betreiben des Judenhassers Haman ein Dekret erlassen, daß alle Juden umgebracht werden sollten. Haman war für die Durchführung des Unternehmens verantwortlich. Mordechai bat Esther dringend, dem König zu sagen, daß sie selbst Jüdin sei, aber Esther fürchtete sich. Sie war davon überzeugt, daß sie genau wie alle anderen umkommen werde. Dann gab sie Mordechai den Auftrag, alle Juden in der Stadt zu einem dreitägigen Fasten aufzurufen, und versprach, zusammen mit ihren Dienerinnen ebenfalls drei Tage lang zu fasten.

Am dritten Tag zog sie ihre schönsten Kleider an und ging zum König. Dieser war von ihrer Schönheit so begeistert, daß er sagte. »Was ist deine Bitte? Sie soll dir gewährt werden.« Und Esther antwortete: »Wenn es dem König recht ist, so möge mir mein Leben und das Leben meines Volkes geschenkt werden. Ich bin Jüdin. Man hat uns verkauft, mich und mein Volk, und will uns alle umbringen.« Der König war empört und befahl, Haman aufzuhängen. Mordechai wurde an seine Stelle gesetzt, die Juden wurden befreit und jubelten über ihre Errettung. Viele Nichtjuden traten in der Folge zum Judentum über.

Ich war von dieser ergreifenden Geschichte fasziniert, sah ich doch klare Parallelen zu meinem eigenen Leben darin. Auch ich durfte mich von Gott gebrauchen lassen, um sein Volk zu erretten, wenn auch nicht vom physischen Tod, so doch aus geistlicher Finsternis, hinein in das wunderbare Licht des Evangeliums. Trotz meiner Unwürdigkeit benutzte Gott mich, um seinen Namen zu verherrlichen. Das merkte ich immer wieder, denn er bestätigte mein Zeugnis und meine Botschaft über Jesus Christus durch mitfolgende Zeichen, indem er Menschen an Leib und Seele gesund machte.

Ich brauchte dringend ein paar Tage Urlaub. Pater Bernard sorgte dafür, indem er Elizabeth und mich in seinem schwarzen Austin Mini zur »Kommunität der Auferstehung« in Mirfield brachte. Wir nahmen am Gottesdienst in der Kapelle teil, und hinterher stellte Pater Bernard uns seinen Amtsbrüdern vor, die großes Interesse an dem Dienst bekundeten, den ich in England tat. Wir besuchten auch den Laden und kauften ein paar Geschenke für unsere Freunde und Verwandten in Pakistan.

Wieder erhielt ich das Vorrecht, London besuchen zu können. Diesmal war ich in Southall, wo zahlreiche Sikhs ein neues Zuhause gefunden hatten. Viele von ihnen stammten aus dem Panjab, der besonders im letzten Jahrhundert und Anfang dieses Jahrhunderts Ziel intensiver missionarischer Anstrengungen gewesen ist. Den Missionaren war es vergönnt, das Evangelium von Jesus Christus erfolgreich den Anhängern von Guru Nanak zu verkünden. Solange diese Leute im Panjab gewohnt hatten, gehörten sie zur katholischen Kirche, methodistischen Kirche oder auch zur Pfingstgemeinde, aber hier in London trafen sie sich alle gemeinsam zum Gottesdienst in der asiatischen Gemeinde.

Ich war sehr erstaunt, bei meinem Eintreffen dort eine ausgesprochene Kälte unter den Christen festzustellen. Die Wärme und Herzlichkeit, die ich anderswo verspürt hatte, fehlten völlig. Ich kam mir fremd und deplaziert vor. Das schien jedoch nicht auf die Tatsache zurückzuführen zu sein, daß ich ein bekehrter Moslem und kein bekehrter Sikh war. Der Grund mußte tiefer liegen. Ich fragte mich allen Ernstes, ob mein Dienst unter solchen Umständen überhaupt effektiv sein werde. Aber ich konnte ja auch nicht einfach meine Sachen packen und wieder nach Huddersfield fahren. Das wäre einer Niederlage gleichgekommen. So blieb mir nichts anderes übrig, als meine Befürchtungen im Gebet vor dem Herrn auszubreiten.

Später wurde mir klar, daß der eigentliche Grund für die gespannte Atmosphäre der Mann war, in dessen Haus ich zu Gast war. Viele aus der Gemeinde wollten nichts mit ihm zu tun haben, denn sie sagten, er sei kein guter Mann. Jemand meinte sogar, zu mir gewandt: »Sie hätten wissen müssen, was für ein Mensch er ist, bevor Sie seine Einladung akzeptierten.« Ich war sehr traurig über diese Worte. Wie hätte ich Informationen über ihn einholen können, ehe ich seine Einladung annahm? Und außerdem, hätte sich dadurch etwas geändert?

Immer wieder war ich erstaunt zu sehen, wie die Erfahrungen Jesu während seines Erdenlebens ihre Parallelen in meinem eigenen Leben fanden. Ich wurde unwillkürlich an Matthäus 9,10-13 erinnert, wo es heißt:

> »Und es geschah, als er in dem Haus zu Tisch lag, siehe, da kamen viele Zöllner und Sünder und lagen zu Tisch mit Jesus und seinen Jüngern. Und als die Pharisäer es sahen, sprachen sie zu seinen Jüngern: Warum ißt euer Lehrer mit den Zöllnern und Sündern? Als aber Jesus es hörte, sprach er: Nicht die Starken brauchen einen Arzt, sondern die Kranken ... Ich bin nicht gekommen, Gerechte zu rufen, sondern Sünder.«

Diese Verse trösteten mich ungemein, während ich darüber nachsann, was ich in dieser schwierigen Situation, in die ich ungewollt hineingeraten war, tun sollte.

Ich beschloß, den Leuten, die sich über meinen Aufenthalt im Haus jenes Mannes ärgerten, irgendwie klarzumachen, daß diese Tatsache auf keinen Fall ihre Reaktion auf die Botschaft, die Jesus mir für sein Volk gegeben hatte, negativ beeinflussen dürfe. Deshalb sagte ich so freundlich wie möglich: »Ich bin Gottes Dienerin. Die ganze Welt ist Gottes Welt. Ich gehe, wohin er mich führt. Wann oder wohin Jesus mich sendet, ist mir egal, sein Wille ist für mich ausschlaggebend. Meine Heimat ist im Himmel, und ich bin vollkommen von Gott abhängig. Wenn er will, daß ich im Haus dieses Mannes wohne, dann wohne ich eben dort.«

Diese Worte wirkten besänftigend auf die Anwesenden. Ich konnte sie davon überzeugen, daß sie sich vom Heiligen Geist leiten lassen sollten und nicht von ihrer eigenen Sympathie oder Antipathie. Am Schluß meiner Vortragsreihe befahl ich sie bewußt in die Hände Jesu und kehrte mit der Hoffnung nach Huddersfield zurück, daß wenigstens etwas Frucht aus meiner Arbeit für den Herrn entstanden sein möge.

Kapitel 8

Weihnachten in Oxford

Ich war nun schon fast drei Monate in England. Orte, deren Namen ich nie zuvor gehört hatte, waren inzwischen fest in meinem Kopf verankert. Genauer gesagt: nicht die Orte an sich, sondern eher die Christen in den betreffenden Orten. Ich war kreuz und quer durchs Land gereist, hatte aber noch nicht viel von den historischen Plätzen oder der weltberühmten Architektur gesehen. Vielmehr hatte mein ganzes Interesse der Aufgabe gegolten, die Jesus mir übertragen hatte. Ich hatte genau das getan, wovon mein Onkel mir abgeraten hatte, als er kurz nach meiner wunderbaren Heilung sagte: »Hör zu, Gulshan, ich rede jetzt, als ob ich dein Vater wäre. Was immer es ist, das Jesus von dir fordert, gib es ihm, es sei Geld oder Grundbesitz – aber verlaß dein Land und deine Religion nicht, und gib dich auch nicht selber.« Wie froh bin ich, daß er nicht mein richtiger Vater war!

Doch zunächst sollte es eine Ruhepause für mich geben. Ich war von den asiatischen Christen in Oxford eingeladen worden, das Weihnachtsfest mit ihnen zu verbringen, und freute mich riesig auf diese Zeit der Ruhe und Erquickung. Hätte ich mir wohl einen besseren Zeitpunkt aussuchen können als gerade diese Feiertage, an denen wir in besonderer Weise an das Kommen des Sohnes Gottes auf diese Welt erinnert werden? Für mich war Jesus jedoch viel mehr als nur das Kind in der Krippe – er war mein lebendiger Herr und Erlöser!

Es war vorgesehen, daß ich bei der Familie des Pastors wohnen sollte. Doch dieser Plan wurde kurzfristig verändert. Wie Susan mir später erklärte: »Bevor du kamst, besuchte der Pastor meinen Vater, der einer der Gemeindeältesten ist, und fragte ihn, ob du vielleicht bei uns wohnen könntest. Sein Gästezimmer habe keine Heizung. Er meinte, du würdest bestimmt mit in meinem Zimmer schlafen können. Ich war sehr froh über diesen Vorschlag, denn ich hatte mich riesig auf dein Kommen gefreut.«

Susan und ihr Bruder holten mich vom Bahnhof ab und nahmen mich mit nach Hause. Die »Stadt der träumenden Kirchtürme« sah mit den im Lichterglanz strahlenden Bäumen, den über die Straßen gespannten Lichterketten und den farbenfrohen Weihnachtsdekorationen, die sich leicht im Wind bewegten, direkt »himmlisch« aus. Liebliche Weihnachtsklänge durchzogen die Lüfte und erfüllten mein Herz mit Sehnsucht nach der oberen Welt, wo die Chöre singen: »Halleluja dem Lamm, das geschlachtet worden ist und lebt von Ewigkeit zu Ewigkeit«, so wie ich es in meiner Vision gesehen hatte.

Im Moment mußte ich mich allerdings mit einer bescheideneren Wohnung zufriedengeben. Mein Gastgeber wohnte zusammen mit seiner Frau, zwei Söhnen, seiner einzigen Tochter Susan und einem Neffen in einer äußerlich schlichten Doppelhaushälfte. Drinnen jedoch war es warm und gemütlich, und ich fühlte mich sofort zu Hause. Ich mußte ganz stark an meine Adoptivkinder in Pakistan denken, von denen ich zum ersten Mal an Weihnachten getrennt sein würde. Bewußt schob ich diese Gedanken beiseite, um nicht traurig zu werden.

Das Ehepaar Christopher hieß mich mit großer Herzlichkeit willkommen. »Es ist für uns ein Geschenk, Sie bei uns zu haben«, versicherten sie mir und gaben sich alle erdenkliche Mühe, mir den Aufenthalt so angenehm wie möglich zu machen. Verständigungsschwierigkeiten gab es zwischen uns nicht, da sie Panjabi sprachen. Herr Christopher hatte als Koch in der britischen Armee in Indien gedient, und als der Major, für den er arbeitete, in den Ruhestand ging und nach England zurückkehrte, nahm er ihn und zwei seiner Söhne mit. Ein weiterer Sohn folgte später. Nachdem Herr Christopher sich in seiner neuen Heimat etabliert hatte, stellte seine Frau für sich selbst sowie die beiden verbleibenden Söhne und ihre Tochter Susan einen Einreiseantrag für England, wurde aber mehrfach abgewiesen. Jedesmal wurde als Begründung angegeben: »Diese Kinder sind nicht Ihre eigenen, sondern die Ihres Nachbarn. Wir können Ihnen nicht gestatten, sie mitzunehmen.«

Susan erinnerte sich gut an jene schwierige Zeit. »Meine Mutter war immer ganz ärgerlich. Sie war eine überzeugte

Christin und in einer christlichen Familie aufgewachsen. Von klein auf hatten ihre Eltern ihr eingetrichtert, stets die Wahrheit zu sagen. Doch jetzt war sie mit Menschen konfrontiert, die sie einfach der Unwahrheit bezichtigten. Das verletzte sie zutiefst, und sie fragte die Beamten jedesmal: ›Weshalb sollte ich Sie in bezug auf die Kinder anlügen? Wenn es wirklich die Kinder meines Nachbarn wären, würde ich sie doch umgehend nach Hause schicken, um ungehindert zu meinem Mann zu kommen.‹ Sechs Jahre lang hat es gedauert, bis sie endlich die Einreisegenehmigung für uns bekam. Mein ältester Bruder hatte sich mittlerweile entschlossen, in Indien zu bleiben.«

Doch nun waren sie längst als Familie vereint, hatten sich gut eingelebt und freuten sich wie alle anderen auf die bevorstehenden Festtage. In einer Ecke ihres Wohnzimmers stand ein kleiner Christbaum, unter dem wunderschön eingepackte Geschenke lagen. Unter den asiatischen Christen war es Sitte, daß die Chöre der verschiedenen Gemeinden sich während der ganzen Adventszeit an den Wochenenden untereinander besuchten, um Gemeinschaft zu pflegen. Manchmal mieteten sie einen Kleinbus, um Sänger und Instrumente zu transportieren. Susan und ihr Bruder gehörten zum Chor der Gemeinde in Oxford und waren jeden Abend unterwegs, um in Krankenhäusern und Altenheimen Weihnachtslieder zu singen.

Ich wußte zu jenem Zeitpunkt noch nicht, daß meine Begegnung mit Susan für sie eine ganz besondere Bedeutung besaß, die ich später auch für mich selbst erkennen würde. Lassen wir sie selbst erzählen:

»Spät am ersten Abend, an dem Schwester Gulshan zu uns gekommen war, kehrten mein Bruder und ich von unserem Choreinsatz zurück. Als ich in mein Zimmer kam, schlief sie bereits fest. Wie gewöhnlich legte ich mich ins Bett und fing an zu beten.

Seit vielen Jahren betete ich nun schon darum, der Herr möge mich mit einer Frau in Kontakt bringen, mit der ich gemeinsam das Evangelium verkünden könne. Als junges Mädchen von zwölf Jahren hatte ich dem Herrn mein Leben bewußt ausgeliefert. Die Erinnerung an jenen bedeutungsvollen Abend ist mir heute so gegenwärtig wie eh und je.

Wir waren in der Elim-Pfingstgemeinde zum Gottesdienst. Am Schluß der Versammlung forderte der Prediger alle diejenigen, die unverheiratet bleiben und dem Herrn dienen wollten, auf, sich zu erheben. Das war an sich schon ungewöhnlich, denn normalerweise wird in Pfingstgemeinden nicht zur Ehelosigkeit aufgefordert. Doch Gottes Wege sind manchmal unergründlich. Ich kann nicht sagen, was mich dazu trieb, aber ich stand mutig auf.

Die Chorleiterin, die neben mir saß, war genauso verblüfft wie die übrigen Versammlungsbesucher. Mehrmals zupfte sie mich energisch am Rock, um mir zu bedeuten, ich solle mich hinsetzen. Sie war überzeugt, daß ich nicht wüßte, was ich da tat. Ich muß zugeben, daß mir bis heute nicht ganz klar ist, was eigentlich in meinem Kopf vorging. Was ich aber ganz sicher wußte, war, daß ich nicht heiraten wollte. Es war mir vollkommen ernst mit dem Wunsch, Jesus Christus in dieser Weise mein Leben zu geben.

Als wir am nächsten Morgen von Haus zu Haus gingen, um Traktate zu verteilen und Leute einzuladen, war die Chorleiterin von dem Vorfall am vergangenen Abend noch ganz verwirrt. Sie versuchte mich zu überreden, ich solle mein Versprechen nicht zu ernst nehmen. Das sei töricht für ein zwölfjähriges Mädchen und könne katastrophale Folgen haben. Doch ich war meiner Sache sicher. Gewiß gab es auch andere Möglichkeiten, sein Leben Jesus Christus zu weihen, aber ich hatte nun einmal diesen Weg gewählt und war entschlossen, mein Versprechen zu halten.

Meine Mutter freute sich sehr, als ich ihr von meinem Entschluß berichtete. Sie war tief religiös und betete regelmäßig zwei Stunden am Tag. Sie hatte auch uns Kinder beten gelehrt und dafür gesorgt, daß wir jeden Sonntag in die Kirche gingen, selbst wenn sie nicht gehen konnte. Wir waren sehr arm, solange wir im Panjab lebten, und Mutter mußte immer das Gras für unsere Kuh herbeischaffen. Das konnte sie aber nur während des Gottesdienstes tun. Oft genug war sie traurig darüber, und als wir nach England kamen, versäumte sie keine einzige Versammlung mehr.

Als ich ihr von meinem Entschluß erzählte, stellte sie nur eine einzige Bedingung: die Frau, mit der ich zusammen im Werk des Herrn arbeiten würde, mußte jemand sein, mit dem sie einverstanden war. Von dem Tag an betete ich ernstlich, der Herr möge mir einen solchen Menschen schicken – einen Menschen, der ihm ganz nahe war, der einen starken Glauben besaß und auch mir Mut machen konnte, wenn ich einmal schwach im Glauben werden sollte.

Der Herr erhörte mein Gebet auf wunderbare Weise, aber es dauerte eine Weile, bis ich diese Erhörung in ihrer vollen Tragweite erfaßte. Seit jenem Abend, an dem ich mein Leben bewußt dem Herrn geweiht hatte, hatte ich oft im Traum eine weißgekleidete Person vor mir stehen sehen. Weil ihr Gesicht nicht zu erkennen war, hatte ich angenommen, es handle sich um den Herrn Jesus Christus. Für mich waren diese Träume eine Zusicherung gewesen, daß er bei mir sei.

Aber in jener ersten Nacht, als Schwester Gulshan bei uns zu Besuch war, hatte ich wieder den gleichen Traum. Diesmal jedoch war er von einer Stimme begleitet, die zu mir sprach: ›Ich bin es nicht, sondern es ist Gulshan Esther, die Frau, auf die du gewartet hast. Dein Gebet ist erhört. Von jetzt an wirst du zusammen mit Gulshan Esther mein Zeuge sein.‹

Ich wachte auf, stand auf und ging zu Schwester Gulshans Bett hinüber – in der Hoffnung, daß sie ebenfalls einen Traum oder ein Wort vom Herrn bekommen hätte. Aber sie schlief tief und fest! Plötzlich fiel mir ein, daß sie etwas Weißes angehabt hatte, als ich ihr zum ersten Mal begegnet war; merkwürdigerweise war mir das damals aber gar nicht aufgefallen. Erst jetzt, als ich vor ihrem Bett stand und sie betrachtete, erkannte ich in ihr die Person aus meinen Träumen. Ich war außer mir vor Freude und konnte gar nicht wieder einschlafen. Mein ganzes Leben würde nun eine neue Richtung erhalten. Dieser Gedanke begeisterte mich.

Am nächsten Morgen konnte ich es kaum erwarten, meiner Mutter alles zu erzählen. Ich rannte die Treppe hinunter und fand sie in der Küche, wo sie gerade das Frühstück vorbereitete. ›Mutter‹, platzte ich heraus, ›ich hatte letzte Nacht einen Traum, in dem es um Schwester Gulshan ging. Ich sah sie vor mir und hörte die Stimme Jesu, der mir sagte, sie sei der Mensch, mit dem zusammen ich sein Werk tun werde. Was sagst du zu dieser wunderbaren Neuigkeit?‹

Wie erstaunt war ich, als Mutter mir erklärte, sie selbst habe einen ähnlichen Traum gehabt. Jesus habe zu ihr gesprochen und gesagt: ›Gib deine Tochter Gulshan Esther, damit sie zusammen mein Werk treiben und mich verherrlichen.‹

›Oh, Susan‹, sagte Mutter, ›ich bin so froh, daß wir beide die gleiche klare Weisung vom Herrn bekommen haben. Tu das, was er dir gesagt hat!‹«

So weit Susans Zeugnis, das mich immer wieder neu zur Demut und Dankbarkeit bewegt.

Der Segen ihrer Mutter war für Susan die Bestätigung, daß ihr Entschluß, Jesus auf diese Weise zu dienen, richtig war. Die ganze Familie freute sich mit über diese Entwicklung und dankte Gott für das Vorrecht, von ihm gebraucht zu werden. Susans Bruder übersetzte oft in den Versammlungen für mich. Auf diese Weise hatte Gott mir nun eine Begleiterin geschenkt, und ich war von seiner Güte zutiefst überwältigt. Damals hatte er die Jünger zu zwei und zwei ausgesandt, und jetzt machte er es bei mir genauso. Er hatte gewußt, was ich brauchte, noch ehe ich es selbst erkannt und ihn darum gebeten hatte.

Die Weihnachtstage waren für die Familie eine bewegte Zeit. Immer wieder kamen Freunde und Verwandte zu Besuch, beladen mit teuren Geschenken, um ein Plauderstündchen abzuhalten. Es war nicht zu übersehen, daß unsere asiatischen Freunde nicht ans Sparen dachten, wenn es um Geschenke ging. Die Frauen schienen einander zudem in puncto Kleidung und Schmuck übertreffen zu wollen. Nicht selten sah man sie morgens in einem prächtigen Sari und abends in einem anderen, nicht weniger prächtigen. Am Heiligen Abend fanden in manchen Häusern Feiern statt, die bis in die frühen Morgenstunden hinein andauerten.

Der Weihnachtstag war für mich aus einem ganz speziellen Grund wichtig. An diesem Tag sollte nämlich mein Interview über Radio Oxford ausgestrahlt werden, und ich wartete mit großer Spannung auf diesen Augenblick. Um 4 Uhr nachmittags saßen wir alle aufgeregt am Radio und warteten. Das Interview war gut zu verstehen, und ich freute mich riesig, daß ich auf diese Weise mein Zeugnis für Jesus hatte weitergeben können. Obwohl er vor beinahe 2000 Jahren auf dieser Erde geboren worden war, lebte er heute und hatte mich beauftragt, seinem

Volk diese großartige Wahrheit ins Gedächtnis zu rufen, die das Zentrum des Christfestes bilden sollte.

Ich konnte mich nur darüber freuen, wie positiv mein Dienst in England bisher verlaufen war. Auch wenn ich vor großen Gruppen von Menschen zu sprechen hatte, war ich gewöhnlich nicht aufgeregt. Ich wollte ja nicht selbst groß sein, sondern allein Jesus Christus verherrlichen. Noch schöner war es allerdings für mich, wenn ich einzelnen Menschen begegnete, die durch meine Botschaft angesprochen worden waren und sich ganz neu zum Herrn gewandt hatten.

Mit einer dieser Personen verbindet mich heute eine besondere Freundschaft. Es handelt sich um eine sehr schüchterne Frau mit Namen Nina, die immer noch allen Mut zusammennehmen muß, um in der Öffentlichkeit zu reden. Sie hatte mein Zeugnis auf Kassette gehört und kam zu dem Heiligabendgottesdienst, bei dem ich sprechen sollte. Sie hatte mich nie vorher gesehen und überlegte die ganze Zeit krampfhaft, wie sie es anstellen sollte, mit mir in Kontakt zu kommen. Nach dem Gottesdienst kam sie zu mir und begrüßte mich, brachte dabei aber kaum ein paar Worte heraus. Am nächsten Tag war sie im Weihnachtsgottesdienst und nahm sich vor, mich in ihr Haus einzuladen. Ich gab ihr zur Antwort: »Wenn es des Herrn Wille ist, komme ich Sie besuchen.« Wahrscheinlich muß sie diese Reaktion als nicht gerade freundlich empfunden haben, aber dennoch war sie entschlossen, sich nicht abweisen zu lassen.

Nina war in einer christlichen Familie in Indien aufgewachsen. Zusammen mit ihrem Mann, der genau wie sie selbst nur dem Namen nach Christ war, und ihrem ersten Sohn George kam sie aus dem Panjab nach England. Inzwischen hat das Ehepaar noch drei weitere Kinder bekommen. Ihr Gottesdienstbesuch beschränkte sich darauf, an Weihnachten und Ostern sowie hin und wieder zwischendurch am Sonntag in die Kirche zu gehen.

Nachdem ihre Kinder geboren waren, bekam Nina schweres Asthma. 1981 hatte sie einige derart schlimme Anfälle, daß sie dachte, sie müsse sterben. Sie konnte weder ihren Haushalt richtig versorgen, noch sich um Mann und Kinder kümmern. Kochen konnte sie überhaupt nicht. Drei Monate lang fuhr sie immer wieder zu einem Privatarzt nach Birmingham, aber dadurch wurde es auch nicht besser. Sie hatte Probleme mit dem

84

Schlafen und litt unter dem merkwürdigen Gefühl, irgend etwas würde ihr die Kehle zudrücken. Dann fing sie an, Blut zu spucken, und hatte große Angst, sie könne Krebs haben. Der Gedanke, sterben und ihre unmündigen Kinder unversorgt zurücklassen zu müssen, beunruhigte sie sehr.

Eines Nachts um 1 Uhr, als die übrigen Familienmitglieder alle fest schliefen, hatte sie ein schreckliches Erlebnis, das sie mir wie folgt schilderte:

»Mein Körper wurde ganz kalt, mein Herz schlug wie rasend, und ich hatte das Gefühl, als ob etwas aus meinem Körper herauskäme und wegflöge. Gleichzeitig verspürte ich den starken inneren Drang, zu beten und die Bibel zu lesen. Das war für mich etwas völlig Neues, denn ich hatte nie richtig gebetet, und da ich in Indien keine Schule besucht hatte, konnte ich auch nicht lesen. Trotzdem betete ich in meinem Herzen: ›O Gott, wenn du mich holen willst, dann tu es – aber bitte, sorge für meine Kinder!‹

George, mein Sohn, war aufgewacht und merkte, daß irgend etwas mit mir nicht stimmte. Mein Mann hatte Nachtschicht und war nicht zu Hause. Ich bat George, den Arzt anzurufen, aber aus mysteriösen Gründen konnte er das Telefon nicht finden. Dann bat ich ihn, mir meine Bibel zu bringen, und versuchte, darin zu lesen. Zwar hatte ich Mühe, sie zu verstehen, aber das Wunderbare war, daß ich sie lesen konnte – ich, die ich nie lesen gelernt hatte! Ich sagte zu George: ›Irgend etwas geht mit mir vor. Während ich lese, wird mein Körper immer wärmer, so als ob neues Leben in mich hineinfließen würde.‹ Der arme George wußte gar nicht, was er davon halten sollte! Nachdem ich noch eine Zeitlang in der Bibel gelesen und gebetet hatte, schlief ich ein.

Als mein Mann am Morgen von der Arbeit nach Hause kam und erfuhr, was geschehen war, war er sehr besorgt. Er bat seine Nichte, in der darauffolgenden Nacht bei mir zu schlafen, aber der Vorfall wiederholte sich nicht. Ich hatte das auch bereits in meinem Herzen gewußt. Aber etwas anderes sollte passieren.

Eines Tages hatte ich mich aufs Bett gelegt und blickte wie zufällig in den Spiegel der Frisierkommode, die dem Bett gegenüber stand. Und was sah ich? Zwei Personen, die auf beiden Seiten des Bettes saßen, und eine dritte in der Mitte hinter mir am Kopfende. Die Augen dieser dritten Person leuchteten so hell, daß ich ihr Gesicht nicht erkennen konnte. Ich wußte nicht, ob es ein Mann oder eine Frau war. Jedoch spürte ich, wie eine große Freude und ein tiefer Friede mein ganzes Wesen durchströmten. Ich betete, Gott möge mir helfen, meine Bibel zu lesen, und nach und nach ist mir das auch gelungen. Von jenem Augenblick an ging es mir körperlich viel besser.«

So weit Ninas Geschichte. Ich besuchte sie tatsächlich kurz nach dem Weihnachtsgottesdienst. Inzwischen war sie überzeugt, daß sie Buße über ihre Sünden tun und ihr Leben dem Herrn Jesus ausliefern mußte. Wir hielten mit mehreren Leuten zusammen eine Bibelstunde, und als die anderen gegangen waren, bat sie mich: »Sagen Sie mir doch bitte, was ich tun soll. Ich möchte mein Leben Jesus übergeben.«

Wir beteten zusammen, und sie nahm Christus bewußt als ihren persönlichen Retter an. Dann betete ich auch für ihre Gesundheit. Als sie das nächste Mal ihren Arzt aufsuchte, sagte er ihr, sie brauche keinerlei Medikamente mehr. Ihr Asthma war völlig verschwunden! Dann ließ sie viermal ihr Blut im Krankenhaus untersuchen, um festzustellen, ob sie Krebs habe. Alle vier Tests verliefen negativ. Seit jener Zeit erfreut Nina sich bester Gesundheit. Zusammen mit zehn anderen Neubekehrten, von denen sechs Asiaten waren, wurde sie in der Elim-Pfingstgemeinde getauft.

Unter den Täuflingen befanden sich Aman Jeet, seine Frau Krishna sowie Krishnas Mutter. Durch Susan kam ich mit dieser großartigen Familie in Kontakt. Susan arbeitete mit Krishna zusammen im Pembroke College. Eines Tages berichtete Krishna ihr von einem Problem, das ihr schwer zu schaffen machte. »Ich wünschte, wir könnten Deep (so nannte sie ihren jüngeren Bruder zärtlich) irgendwie helfen. Er leidet an Nierenversagen und steht bereits auf der Warteliste für eine Nierentransplantation. Zur Zeit fallen ihm alle Haare aus.«

Wenn ein Sikh seine Haare verliert, ist das eine wirkliche Tragödie. Jeder Sikh-Mann ist stolz darauf, sein langes Haar ordentlich in einen Turban eingebunden zu tragen, ist dies doch ein Zeichen dafür, daß er es mit seinem Glauben ernst nimmt. Unter Umständen kann ihn das sogar mit dem Gesetz in Konflikt bringen, wie es z. B. der Fall war, als für alle Motorradfahrer in

England das Tragen eines Sturzhelms Pflicht wurde. Die Sikhs waren hin und her gerissen: Sollten sie den Gesetzen ihrer Wahlheimat gehorchen oder sich dem beugen, was ihre Religion von ihnen forderte?

Weiter berichtete Krishna: »Wenn sich nicht bald ein Spender findet, stirbt mein Bruder. Wir sind den Umständen völlig hilflos ausgeliefert. Wir können nichts tun als warten.« Bei diesen Worten fing sie hemmungslos an zu schluchzen und beschuldigte Susan, mich für sich behalten zu wollen. Susan war tief bewegt und versprach, sie werde mich bitten, für Deep zu beten.

Umgehend wurde ein Treffen vereinbart, bei dem wir Gott inbrünstig um Hilfe für Deep baten. Obwohl seine Mutter eine Sikh-Frau war, klammerte sie sich verzweifelt an alles, was nur die geringste Hoffnung für ihren Sohn versprach. Sie lud mich zusammen mit ihrer Tochter Krishna und ihrem Schwiegersohn Aman Jeet in ihr Haus ein und flehte mich an: »Beten Sie bitte für meinen Sohn! Sie sind unsere letzte Hoffnung!«

Die Familie saß still dabei, während ich zu Jesus betete und ihn bat, sowohl ihrer körperlichen als auch geistlichen Not zu begegnen. Zwei Wochen später durften wir erleben, wie unsere Gebete erhört wurden. Ein achtjähriges Mädchen kam auf tragische Weise bei einem Verkehrsunfall ums Leben. Die Eltern, zu Tode betrübt, gaben die Erlaubnis, ihre Organe zu Transplantationszwecken zu verwenden. Deep wurde erfolgreich operiert und war bereits nach wenigen Wochen vollkommen wiederhergestellt. Das einzige, was unsere Freude über diese Gebetserhörung trübte, war der tragische Umstand, der die Transplantation überhaupt erst möglich gemacht hatte.

Deeps Wiederherstellung überzeugte die ganze Familie von der Wahrheit dessen, was ich ihnen klarzumachen versucht hatte – daß Jesus wirklich der Weg, die Wahrheit und das Leben ist. Inzwischen ist die Bibel ihr heiliges Buch, in der sie mit großer Freude und Begeisterung lesen. Deeps Mutter ist zu einer starken Christin geworden, die ihre ganze Familie im Glauben stärkt und ermutigt.

Aman Jeets persönliches Zeugnis hat mir ebenfalls viel zu sagen gehabt. Er hatte dem Herrn lange Zeit widerstanden. Mir gegenüber bekannte er: »Ehe ich Sie kennengelernt habe, hatte ich überhaupt kein Interesse an der Bibel. Ich war ein Sikh und ein treuer Anhänger eines Guru. Ich trug sein Bild immer bei mir und bestand sogar darauf, daß Krishna einige seiner Aussprüche lernen sollte, obwohl ich wußte, daß sie Christ war. Sie war dadurch, wie Sie wissen, in einen tiefen inneren Zwiespalt geraten und betete zehn Jahre lang für mich, ohne Erhörung zu finden.

Die Sache kam zum Höhepunkt, als wir mit unseren beiden Kindern nach Indien fuhren. Krishna sah meinen Guru mit sechs oder sieben seiner Anhänger in ihren prächtigen Roben durch die Straßen ziehen und dabei auf ihren Trompeten blasen. Der Anblick widerte sie an, erkannte sie doch erstmals mit aller Deutlichkeit, daß ich einen Menschen und nicht Gott verehrte. Weiter wurde ihr klar, daß ihre Gebete für mich deshalb nicht erhört worden waren, weil sie, ohne es zu wollen, zwei Göttern nachgelaufen war und zwei Herren gedient hatte.

Von jenem Tag an war sie entschlossen, ihr Leben als Christ kompromißlos zu führen. Der Heilige Geist machte ihr klar, daß sie, wenn sie mich wirklich liebte, mit mir über Jesus reden müsse. Etwa um die gleiche Zeit lernte sie Susan kennen, die ihr von Ihnen erzählte. Sie sehnte sich danach, ihr Problem jemandem mitteilen zu können, und Sie schienen genau die richtige Person zu sein. Durch ihre Beharrlichkeit gelang es ihr schließlich, mich mit Ihnen in Kontakt zu bringen. Erst nachdem ich Ihr Zeugnis gehört hatte, war ich bereit, Jesus Christus als meinen Erlöser anzunehmen. Erinnern Sie sich, wie Sie das Bild meines Gurus in den Fluß geworfen haben? Dadurch habe ich endgültig Schluß mit ihm gemacht. Oh, was für eine Befreiung!

Als ich am 30. April 1983 aus dem Taufbecken stieg, fühlte ich mich ganz leicht. Es kam mir vor, als sei etwas Schweres von mir gewichen. Am gleichen Abend fing ich an, mit Begeisterung meine Bibel zu lesen. Ich wollte sie gar nicht mehr aus der Hand legen. Innerhalb kurzer Zeit nahm ich stark an geistlicher Erkenntnis zu und fing an, darüber nachzudenken, wie ich für den Herrn arbeiten könne. Deshalb war ich auch so darauf erpicht, Sie auf Ihren Reisen zu begleiten.

Diese wachsende Überzeugung breitete ich vor dem Herrn aus und fuhr zunächst damit fort, ihn auf der Arbeit und auch nach der Arbeit zu bezeugen. Am 1. Dezember hatte ich gegen 5 Uhr morgens einen Traum, in dem der Herr zu mir sprach:

›Geh und predige das Evangelium, denn die Zeit ist nahe.‹ Ich fragte ihn: ›Wie soll das gehen? Die Leute werden nicht auf mich hören.‹ Doch zum zweiten Mal hieß es: ›Nimm mein Wort und fang an zu predigen. Für den Rest werde ich sorgen. Hab keine Angst, ich bin bei dir.‹

Von jenem Tag an habe ich mich noch enger an den Herrn angeschlossen und tue nichts mehr ohne ihn. Unsere ganze Familie geht jetzt in die Methodistenkirche in der Cowley Road. Wenn der Pastor verreist ist, darf ich den Gottesdienst halten. Meine Botschaft ist im Grunde sehr einfach: ›Tut Buße über eure Sünden! Die Zeit ist nahe. Glaubt an Jesus Christus!‹ Wenn ich so etwas zu meinen Arbeitskollegen sage, hören einige aufmerksam zu, aber andere spotten nur. Es tröstet mich, daß Noah die gleiche Reaktion erlebte, als er seiner Generation das Wort Gottes predigte und die Menschen vor der kommenden Sintflut warnte.

Gott hat mich wirklich reich gesegnet. Er hat mir eine liebe Frau, zwei Söhne und einen gesunden Körper geschenkt. Ich darf sogar zwei Häuser mein eigen nennen. Doch mein größter Wunsch ist es, zur Ehre Jesu Christi zu leben. Wenn er mich in den vollzeitlichen Dienst rufen will, bin ich dazu bereit. Bis es soweit ist, wollen meine Frau und ich mit unserem christlichen Literaturprogramm fortfahren. Wir versenden kostenlos Bücher und Traktate hier in England und auch ins Ausland. Vielleicht ist das ja auch eine Möglichkeit, Gottes Wort zu ›predigen‹, ich weiß nicht. Ich überlasse es einfach ihm.«

Kapitel 9

Medien-Kontakte

Sprüche 16,9: »Das Herz des Menschen plant seinen Weg, aber der Herr lenkt seine Schritte.«

Welch große göttliche Weisheit spricht aus diesen Worten! Als ich im September 1982 auf dem Londoner Flughafen angekommen war, hatte ich darum gebeten, mein 6-Monats-Visum auf drei Monate zu verkürzen. So sicher war ich gewesen, daß ich in drei Monaten den Auftrag des Herrn, seinem Volk seine Botschaft weiterzusagen, erfüllt haben würde. Das hektische Tempo, in dem ich seitdem gelebt und gearbeitet hatte, schien diese Erwartung zu bestätigen. Ich meinte, mit Paulus sagen zu können: »Die Zeit meines Abschieds steht bevor. Ich habe meine Aufgabe erfüllt.«

Ein schönes Weihnachtsfest lag hinter mir. Ich fühlte mich erfrischt und ausgeruht. In zwei Wochen hoffte ich die Heimreise antreten zu können. Wie sich meine Adoptivkinder freuen würden! Immer wieder hatten sie in ihren letzten Briefen gebettelt: »Ma-ji, bitte, komm nach Hause! Wir vermissen dich so sehr. Wir möchten dich unbedingt wiedersehen. Teile uns mit, wann du ankommst!«

Ich sehnte mich danach, sie wiederzusehen, all die vertrauten Geräusche zu hören und die wohlbekannten Gerüche zu genießen. Sogar nach der tropischen Hitze hatte ich Sehnsucht! Der Winter 1982/83 war zwar verhältnismäßig mild, aber ich sehnte mich nach den schönen, kühlen Morgenstunden in Pakistan. Wie herrlich würde es sein, beim Aufwachen wieder das Singen der Tropenvögel zu hören!

Ich war nochmals von Pastor David Singh für zwei Wochen nach London eingeladen worden, um mein Zeugnis zu geben und zu predigen. Darüber freute ich mich, würde ich doch auf diese Weise bis zur letzten Minute für meinen Herrn tätig sein.

Nach den zwei Wochen war meine Zeit in England vorbei. Es war übrigens nicht das erste Mal, daß ich so klar das Ende meines Dienstes vorhergesehen hatte. Bereits in Pakistan war es mir vor vielen Jahren ähnlich gegangen.

Nachdem ich damals durch eine Vision, die Jesus mir schenkte, meine Bibel erhalten hatte, fing ich an, darin zu lesen, und kam bald zu dem Schluß, daß ich mich taufen lassen müsse. Ich sagte mir: »Jetzt habe ich für Jesus Zeugnis abgelegt, so wie er es mir befohlen hat. Ich habe dem Mann, der mir das Neue Testament gegeben hat, von meinen Begegnungen mit Christus erzählt. Jetzt kann ich mich taufen lassen und dann nach Hause zurückkehren. Alles wird wieder normal verlaufen.« Doch zu meinem Erstaunen mußte ich feststellen, daß die Taufe nur der Anfang und nicht das Ende des neuen Weges war, auf dem ich zu gehen hatte.

Wie schnell der Mensch doch oft vergißt! Wie gesagt, in Gedanken sah ich alles ganz klar vor mir. Aber schon der Prophet Jesaja hat gesagt:

»Meine Gedanken sind nicht eure Gedanken,
und eure Wege sind nicht meine Wege, spricht der Herr.«

Mein Gott hatte andere Pläne für mich. Wieder einmal benutzte er seine Diener Eric und Pater Bernard dazu, meine Schritte zu lenken. Bevor ich über Weihnachten nach Oxford fuhr, hatte Aramneet Lall mich angerufen und für eine Versammlungsreihe nach London eingeladen. Widerstrebend hatte ich nein gesagt und ihm erklärt, mein Visum würde kurz nach Weihnachten ablaufen und ich könne somit nicht länger in England bleiben. Was ich nicht wußte, war, daß er daraufhin Pater Bernard und Eric angerufen und sie gebeten hatte, sie möchten versuchen, eine Visumsverlängerung für mich zu bekommen. Er hatte hinzugefügt: »Wenn Ihnen das nicht möglich ist, versuche ich es selber.«

Ich hatte Pater Bernard meinen Paß zur Aufbewahrung gegeben. Seine Antwort an Mr. Lall war durchaus positiv: »Machen Sie sich deswegen keine Sorgen. Planen Sie ruhig die Vortragsreihe mit Schwester Gulshan ein. Alles andere können Sie getrost mir überlassen.« Eric, Pater Bernard und ich verwandten in der Folge viel Zeit darauf, Gottes Angesicht zu suchen und die Führung Jesu im Gebet zu erfragen. Zum Schluß sagte Pater Bernard zu mir: »Schwester Gulshan, legen Sie alles getrost in Gottes Hände. Versteifen Sie sich nicht zu sehr auf Pakistan. Fahren Sie erst einmal über Weihnachten nach Oxford und planen Sie danach einen Besuch in London ein.«

Damit gab ich mich zufrieden, allerdings nicht, ohne ein leises Gefühl von Traurigkeit im Herzen zu haben. Alle paar Wochen waren Briefe von Freunden in Lahore, Faisalabad und Karatschi eingetroffen, in denen sie mich baten, nach Pakistan zurückzukehren. Doch ich wußte mich in der Hand meines himmlischen Vaters geborgen und hatte keinen anderen Wunsch, als darin zu bleiben.

Nach Weihnachten rief Pater Bernard mich an, um mir mitzuteilen, daß mein Visum um weitere sechs Monate verlängert worden sei. Wir alle sahen die Hand Gottes darin, und auch mir war nun klar, daß mein Dienst in England weitergehen sollte.

Aramneet Lall war hoch erfreut. »Der Herr hat noch viele offene Türen für Sie«, sagte er. So schrieb ich an meine Kinder in Pakistan: »Es tut mir sehr leid, aber ich kann jetzt nicht zurückkommen. Der Herr braucht mich hier noch in seinem Dienst. Aber betet trotzdem, daß Gott mir bald eine Möglichkeit schenkt, euch wiederzusehen.«

Ich wußte, daß sie über diese Nachricht traurig sein würden, und dieses Wissen machte mich ebenfalls traurig.

Aramneet Lalls Worte sollten sich als prophetisch erweisen. Eine Tür nach der anderen öffnete sich für mich. Und es waren keine alltäglichen Türen. Am 2. Januar 1982 sollte ich zu einer Gruppe von pakistanischen und indischen Christen sprechen. Der Gottesdienst wurde auf Video aufgenommen. Ich wußte nichts davon, doch als ich anschließend den Film sah, wollte ich meinen Augen nicht trauen. Ich, Gulshan Esther, die als Moslem nie ein Foto von sich hatte machen lassen, war jetzt im Film zu sehen, wie ich davon berichtete, was Jesus an mir getan hatte. Es war einfach wunderbar! Selbst wenn ich persönlich nicht anwesend war, konnten mich die Leute in Zukunft trotzdem sehen und hören.

Während meines Aufenthalts in London wohnte ich bei Aramneets Familie. Er war einer der Ältesten in der asiatischen

Gemeinde. Ich sprach dort an zwei Sonntagen, und während der Woche hatten wir jeden Abend in den verschiedenen Häusern unsere Zusammenkünfte, die von jeweils 25 bis 30 Leuten besucht wurden. Sie alle kamen, um Gottes Wort zu hören, und der Herr bestätigte es, indem er Wunder in unserer Mitte tat.

Da war z. B. Anand, der seit zehn Jahren unter Magenschmerzen litt. Er bat mich, für ihn zu beten. Ich tat es, und die Schmerzen verschwanden schlagartig. Dann war da Sheila, die seit zwanzig Jahren starke Rückenschmerzen hatte. Die Ärzte hatten die Hoffnung aufgegeben, irgend etwas zu finden, was ihr Erleichterung verschaffen konnte. Aus medizinischen Gründen war es auch nicht möglich, eine Operation durchzuführen. Auch hier tat der Herr ein großes Wunder, denn nachdem wir für sie gebetet hatten, befreite Jesus sie völlig von ihren Schmerzen. Diese Wunder oder Zeichen waren für die Gotteskinder der »Beweis«, den sie brauchten, um von der Wahrheit seines Wortes überzeugt zu sein. Besonders für die asiatischen Christen ist es wichtig, auf solche Zeichen hinweisen zu können, wenn sie mit Menschen über Jesus sprechen, weil ihre mangelnde Bibelkenntnis und fehlende Informationen über das, was Gott weltweit tut, oft ein echtes Hindernis bedeuten. Wenn sie dagegen Gottes Eingreifen am eigenen Leib erfahren haben, können sie mit großer Überzeugung sagen: »So und so hat der Herr an mir gehandelt. Er kann das gleiche auch für dich tun.«

Von London aus wurde ich von James, einem Ältesten aus Bedford, in seine Gemeinde mitgenommen. Bekanntlich war ich bereits vorher einmal in Bedford gewesen. Es machte mir viel Freude, diesmal auch in die Häuser zu kommen, die ich bei meinem ersten Besuch verpaßt hatte. Noch mehr freute ich mich darüber, daß der Moslem, der mich damals nicht einmal seinen Koran hatte berühren lassen wollen, jetzt freimütig anderen Menschen von der Rettermacht Jesu erzählte, die er persönlich erlebt hatte.

Durch diesen Mann lernte ich zwei Moslemfrauen kennen, die mich fragten: »Haben Sie eigentlich nicht die Nase voll von den Christen? Möchten Sie nicht lieber wieder in Ihrer Heimat Pakistan sein?« Wie schwer ist es doch für Nichtchristen, zu verstehen, daß Jesus den Schleier zerreißt, der Menschen aus den verschiedenen Nationen voneinander trennt, und sie fähig macht, in seiner Liebe miteinander verbunden zu sein und Gemeinschaft zu pflegen. Ich konnte nur wiederholen, was ich schon oft gesagt hatte: »Natürlich habe ich manchmal Heimweh nach Pakistan. Aber ich liebe Jesus mehr als mein Heimatland, und ich liebe auch die Menschen, die zu ihm gehören. Wie könnte ich sie da leid sein?«

Manchmal war es wirklich nicht leicht, den Leuten klarzumachen, daß es mein einziger Wunsch war, dort zu sein, wo Jesus mich haben wollte, und daß der Gehorsam ihm gegenüber mir über alles ging. Ich fand jedoch großen Trost in dem, was Petrus einmal zu Jesus gesagt und was dieser ihm darauf geantwortet hatte:

> »Siehe, *wir* haben alles verlassen und sind dir nachgefolgt. Jesus sprach: Wahrlich, ich sage euch: Da ist niemand, der Haus oder Brüder oder Schwestern oder Mutter oder Vater oder Kinder oder Äcker verlassen hat um meinetwillen und um des Evangeliums willen, der nicht hundertfach empfängt, jetzt in dieser Zeit Häuser und Brüder und Schwestern und Mütter und Kinder und Äcker unter Verfolgungen und in dem kommenden Zeitalter ewiges Leben« (Markus 10,28-30; vgl. Lukas 18,28-30).

Diese und ähnliche Verheißungen gaben mir neuen Mut, Jesus zu dienen, und das trotz mancher Enttäuschungen und Verdächtigungen, wie z. B. der mit großem Argwohn gestellten Frage: »Haben Sie etwa vor, britischer Staatsbürger zu werden?« Diese Worte trafen mich tief. Das war wirklich das letzte, was ich wollte. Keinen Augenblick länger als unbedingt nötig hatte ich vor, in England zu bleiben. Jesus war der Herr meines Lebens, und von ihm hing es ab, wie lange ich im Land bleiben würde. Trotzdem war mir klar, daß keine persönliche Feindschaft hinter dieser Frage stand. Es war schon öfter vorgekommen, daß Menschen sich angeblich zu Christus bekehrt hatten, um dadurch die Unterstützung von englischen Christen bei dem Bemühen um die britische Staatsbürgerschaft zu erhalten. Was eigentlich hinter der Frage steckte, lag auf der Hand: »Sobald sie die britische Staatsbürgerschaft erhalten hat, wird sie zum

Islam zurückkehren. Ihr Bekenntnis zum Christentum ist nur vorgetäuscht und darf nicht ernst genommen werden.«

Keiner, der meine Bekehrungsgeschichte gehört hatte und wußte, welch schwere Verfolgung ich von seiten meiner Familie erfahren hatte, hätte auch nur im entferntesten daran gedacht, mir eine solche Frage zu stellen. Aber hatte Jesus nicht zu Petrus gesagt, daß diejenigen, die um seinetwillen alles verlassen, hundertfach empfangen würden »unter Verfolgungen«? Hundertfach empfangen hatte ich. Mußte ich da nicht auch bereit sein, Verfolgung zu ertragen? Meine Antwort lautete deshalb schlicht und einfach:»Eines Tages werde ich, so Gott will, nach Pakistan zurückkehrten. Ich liebe meine Heimat, und ich liebe auch meine Adoptivkinder. Der Herr Jesus weiß es.«

Während meines Aufenthalts in Bedford erhielt ich einen Anruf von Prahbu Guptara, der das Fernsehprogramm *Come Close* moderierte. Er wollte, daß ich in einer seiner Regionalsendungen auftreten sollte, die in Birmingham gedreht wurde. Es war ein 15minütiges Programm – keine sehr lange Zeit also, aber von unschätzbarem Wert, wenn dadurch die Botschaft Jesu weitergegeben werden konnte. Für mich war dies ein weiteres Wunder. Am Abend vorher betete ich ernstlich:

>»Herr, laß diese Sendung zu deiner Verherrlichung dienen. Du hast versprochen, mir die richtigen Worte zu geben, wenn ich sie brauche. Ich brauche sie gerade jetzt! Nimm meine Gedanken hin, daß sie denken wie du. Nimm meine Lippen hin und laß sie deine Worte aussprechen. Laß viele Herzen von deinem Geist angerührt werden, daß sie positiv auf mein Zeugnis reagieren und dich als ihren Herrn und Erlöser annehmen.«

Von ganzem Herzen glaubte ich daran, daß Jesus mein Gebet hören und erhören würde.

Es war vereinbart, daß Susan, ihr Vater, ihr Bruder und unser asiatischer Pastor mich begleiten sollten. Thelma Marks würde als meine Übersetzerin fungieren. Es war ein strahlend schöner Morgen, an dem wir uns vor dem Fernsehstudio in Birmingham trafen. Für mich war es wie ein Traum, im Studio zu sitzen und die Fernsehkameras auf mich gerichtet zu sehen. Das helle

Lampenlicht blendete mich. Doch dann mußte ich daran denken, daß einst ein noch viel helleres Licht auf mich geschienen hatte. Der Beweis war für alle deutlich zu sehen. Ja, gerade über dieses Licht hatte ich vor zu sprechen. Zum Glück waren nicht viele Leute da, nur der Produzent, der Programmdirektor und zwei oder drei Techniker. Mir wurden diverse Fragen gestellt, die ich mit Thelmas Hilfe so gut wie möglich beantwortete.

Als das Interview vorbei war, bedankte sich der Programmdirektor herzlich bei mir. Es war nicht zu übersehen, daß er von meiner Geschichte beeindruckt war – um nicht zu sagen peinlich berührt angesichts der Tatsache, daß Gott ein verkrüppeltes moslemisches Mädchen gesund gemacht hatte, um andere Menschen von der Wahrheit des Evangeliums zu überzeugen. Mit mir persönlich hatte das allerdings nichts zu tun. Es war die Gnade meines Herrn Jesus Christus, durch den ich alles vermochte.

Früher, als Moslem, konnte ich nichts für den Islam tun. Ich war ein hilfloser Krüppel. Aber Jesus Christus hat mich geheilt, mir ein neues Leben, eine neue Hoffnung und einen neuen Lebenssinn gegeben. Nichts kann mich davon abhalten, seine Botschaft weiterzusagen, die lautet:»Ich bin der Weg, die Wahrheit und das Leben.« Jetzt kann ich anderen Moslems den richtigen Weg zeigen. Der Vater im Himmel ist auch mein Vater geworden. Jeden Tag neu darf ich seine Liebe erleben, und mein großer Wunsch ist, daß andere sie ebenfalls erfahren.

Inzwischen war allen, die etwas mit meinem Dienst zu tun hatten, klargeworden, daß Oxford eine bessere Ausgangsbasis für meinen Dienst bilden würde als Huddersfield. Die Verbindungen waren von dort aus besser und die Strecken kürzer. Deshalb fuhr ich am 4. Februar zusammen mit Susan nach Huddersfield, um meine wenigen Habseligkeiten abzuholen. Am 8. Februar fuhren wir mit dem Bus zurück, und ich schlug mein Quartier bei Susans Familie in Oxford auf. Von da an wurde Susan zu meiner ständigen Begleiterin auf all meinen Reisen.

Unsere erste gemeinsame Reise führte uns nach Coventry, das ich noch nicht kannte. Eine christliche pakistanische Familie holte uns am Bahnhof ab. Abends hatten wir dann ein Treffen mit ca. zwölf bis fünfzehn Engländern. Susan übersetzte für mich. Unter den Anwesenden war ein Sikh, der von meinem Zeugnis sehr beeindruckt schien. Nach der Versammlung sagte er zu mir: »Schwester Gulshan, solch ein Zeugnis habe ich noch nie gehört, obwohl ich viele Christen kenne, Pakistanis, Inder und auch Engländer. Ich arbeite in einer Bank mit ihnen zusammen, aber keiner hat mir je erzählt, daß Jesus ihn geheilt habe. Können Sie morgen in mein Haus kommen und meiner Frau und mir mehr über Jesus erzählen? Es gibt so vieles, was uns interessiert. Ich weiß, daß Sie nur kurz hier sind, aber wir wären Ihnen wirklich dankbar, wenn Sie uns besuchen könnten.«

Diese persönliche Einladung machte mich sehr froh. »Kommen Sie und erzählen Sie uns von Jesus«, hatte er gesagt. Nichts tat ich lieber als das! Spontan sagte ich zu. Als Susan und ich am nächsten Tag im Haus dieses Mannes ankamen, hatte seine Frau ein fabelhaftes Mittagessen zubereitet. Der Tisch war beladen mit allen guten Dingen, die wir uns nur wünschen konnten. Es lagen sogar Geschenke für uns bereit. Das gefiel mir allerdings gar nicht. Das einzige Geschenk, das ich ihnen anbieten konnte, war das Heil in Jesus Christus, unserem Herrn, und dieses Geschenk war kostenlos. Auch mein Zeugnis darüber war kostenlos. So zögerte ich zunächst die Gabe anzunehmen, aber als ich merkte, daß ich sie damit verletzen würde, mußte ich sie schließlich doch annehmen.

Nach dem Mittagessen begann die Unterhaltung, für die wir eigentlich gekommen waren. Ich hatte erwartet, daß es um Jesus und seinen Kreuzestod für unsere Sünden gehen würde, aber leider war das Ehepaar mehr daran interessiert, daß ich für ihre diversen Probleme und Nöte beten sollte. Und die hatten herzlich wenig mit der Erlösung zu tun. Es ging im Grunde um die beiden Söhne. Mit dem älteren hatten sie so gut wie überhaupt keine Verbindung, was ihnen sehr zu schaffen machte. Der jüngere befand sich mitten in einer Prüfung, deren gutes Gelingen ihnen ein Anliegen war.

Ich war enttäuscht. Wie sehr hatte ich mir gewünscht, den beiden Jesus, den Sohn Gottes, vor Augen malen zu können. Ich hatte darum gebetet, daß sie ihn als ihren Herrn und Erlöser annehmen und nach seinem Willen für ihr Leben fragen sollten, aber das einzige, woran sie Interesse zu haben schienen, war, daß Jesus sie von ihren Schwierigkeiten befreite. Doch dann fiel mir ein, daß es mir früher ja genauso gegangen war. In meinem verkrüppelten Zustand hatte ich keinen anderen Wunsch gekannt als den, daß mein Körper gesund sein möge. Dabei war es der Herzenswunsch Jesu gewesen, mir neues Leben und eine neue Hoffnung zu schenken.

Freundlich sagte ich: »Fangen Sie doch selber an zu beten. Bitten Sie Jesus, Ihnen den richtigen Weg zu zeigen, denn er möchte, daß wir zuerst nach seinem Reich und seiner Gerechtigkeit trachten, dann will er uns alles geben, was wir sonst noch brauchen.«

Wie leicht passiert es doch, daß wir uns von unseren körperlichen und menschlichen Bedürfnissen und Problemen den Blick für die weitaus dringenderen Nöte verschleiern lassen, nämlich für die geistlichen. Jesus möchte diesen Schleier zerreißen, wenn wir es ihm gestatten, aber häufig halten wir mit großer Beharrlichkeit daran fest.

Als Susan und ich von Coventry nach Oxford zurückgekehrt waren, fanden wir eine Einladung nach Schottland vor. Wir sollten uns in East Ham/London mit einem Bruder treffen und dann gemeinsam mit ihm nach Glasgow fahren.

In Glasgow sprach ich vor mehreren Gruppen von Leuten, aber eine Hausversammlung ist mir besonders im Gedächtnis haften geblieben. Ein Ehepaar unter den Anwesenden hatte große eheliche Schwierigkeiten. Die Frau war angeblich von bösen Geistern besessen, und man bat mich, für sie zu beten. Ihre Angehörigen teilten mir nähere Einzelheiten mit. Die Frau wurde manchmal so jähzornig, daß sie ihren Mann anschrie und beschuldigte, er wolle ihre Kinder umbringen, und sich total von ihm abkapselte. Wenn sie dann nach einem solchen Anfall wieder zu sich kam, war sie immer völlig zerknirscht. Ihr Ehemann wie auch ihr Vater baten mich inständig, ihr zu helfen. Wir beteten beinahe acht Stunden lang für sie, und am Ende meinte sie erleichtert: »Gott sei Dank, jetzt geht es mir wieder gut!« Einige Monate später traf ich ihren Mann wieder. Strahlend berichtete er mir, daß er mit seiner Frau vollkommen ausgesöhnt sei und es ihnen beiden sehr gut gehe.

Von Glasgow kehrten wir nach London zurück und blieben bis zum Monatsende bei Familie Din. Diese Familie sollte später eine wichtige Rolle in meinem Leben und Dienst spielen. Nachdem wir fünf Tage in Oxford verbracht hatten, wurden wir nach Southall eingeladen und waren bei Mrs. Daniell zu Gast, einer verwitweten pakistanischen Christin. Am Sonntag besuchten wir mit ihr den Gottesdienst in einer Methodistenkirche und hatten dann von Montag bis Samstag allabendlich Versammlungen im Gemeindehaus. Merkwürdigerweise schien unser Dienst dort jedoch keine Frucht zu bringen.

Aber dann, gegen Ende der Woche, kamen zwei indische Frauen, die keine Christen waren, völlig verzweifelt zu Mrs. Daniell. Sie besaßen ein großes Bekleidungsgeschäft in der High Street und waren zutiefst beunruhigt über mysteriöse Vorgänge in ihrem Geschäft. Seit einiger Zeit lagen dort nämlich immer wieder Fleischstücke und auch Blut auf dem Fußboden verstreut, und selbst die stärksten Sicherheitsvorkehrungen konnten nichts dagegen ausrichten. Jeden Morgen, wenn sie ihr Geschäft aufschlossen, fanden sie diesen ekelerregenden Anblick vor. Doch der Anblick an sich war für sie noch nicht das Schlimmste. Da sie sehr abergläubisch waren, vermuteten sie, daß irgendeine böse Macht hinter der Sache steckte.

In ihrer Not wandten sie sich an mich und baten um Gebet. Sie seien fest davon überzeugt, daß Jesus sie von diesem Übel befreien könne, versicherten sie und baten mich, mit in ihr Geschäft zu kommen. Es war gar nicht so einfach, ihnen klarzumachen, daß diese Art Dinge nicht zu meinem Dienst gehörten. Schließlich verfügte ich über keine magischen Kräfte! »Öffnen Sie Ihr Herz für Gott, bitten Sie Jesus, in Ihr Leben zu kommen und Ihnen Ihre Sünden zu vergeben«, ermahnte ich die beiden. »Die Erlösung ist das Wichtigste, was Sie brauchen, nicht die Befreiung von irgendwelchen bösen Machenschaften der Menschen. Ich möchte allerdings nicht, daß Sie sich hier und jetzt mit mir hinknien und beten, denn ich sehe, daß Sie noch nicht dazu bereit sind. Sie müssen zuerst an Jesus glauben, ehe ich für Sie beten kann.«

Sie hörten mir freundlich zu und gingen nach Hause. Dafür waren sie nicht gekommen! Doch am nächsten Tag kamen sie wieder. »Schwester Gulshan, wir sind jetzt bereit, Jesus Christus unser Herz zu öffnen. Bitte, beten Sie für uns.« Ich konnte sehen, daß sie es sich mit ihrer Entscheidung nicht leichtgemacht hatten. Anscheinend war dies der krönende Abschluß einer langen Suche. Wir beteten zusammen, dann nahm ich etwas Wasser und betete darüber. Ich sagte den beiden Frauen, sie sollten ebenfalls jeden Tag beten und anschließend mit dem Wasser den Fußboden ihres Geschäfts besprengen. Zwei Tage später kamen sie mit der Nachricht, der Laden sei jetzt »sauber«, wofür sie natürlich von Herzen dankbar waren. Es war kurz vor meiner Abreise, und sie hatten eines ihrer teuren Kleider mitgebracht, das sie mir schenken wollten. Wieder protestierte ich lebhaft. Ich wollte nicht wie ein Hindupriester behandelt werden, der für seine Dienste Geschenke entgegennimmt. Sie sollten vielmehr dem Herrn Jesus Christus treu sein und wissen, daß sie es ihm zu verdanken hatten, wenn ihr Geschäft gesegnet war. Aber sie ließen nicht locker. »Bitte, nehmen Sie dieses Geschenk an als einen Ausdruck unserer Liebe zu Gott und zu Ihnen«, baten sie mich.

Somit endete diese kuriose Episode mit zwei Neubekehrten, und der Dienst, der zunächst gänzlich unfruchtbar ausgesehen hatte, trug doch noch Frucht. Welche Frucht die beiden Frauen ihrerseits bei ihren täglichen Kontakten mit Hindus und Pakistanis für Jesus bringen würden, konnte keiner von uns wissen. Aber Jesus weiß auch das. Susans Vater kam, um uns abzuholen, und wir kehrten befriedigt nach Oxford zurück in dem Wissen, etwas für unseren Herrn getan zu haben.

Viel Zeit zum Ausruhen blieb uns allerdings nicht, denn bereits wenige Tage später waren wir wieder unterwegs nach East Ham, wo wir wie vorher bei Familie Din wohnten. Ich war eingeladen, in der Kirche St. Helen mein Zeugnis zu geben. Ich wußte zwar, daß der Gottesdienst aufgezeichnet werden sollte, hatte aber nicht die geringste Ahnung, was für weitreichende Folgen das haben würde. Es war der Anfang vom Ende meiner häufigen Reisen kreuz und quer durchs Land.

In dem besagten Gottesdienst befand sich auch Noble Din unter den Zuhörern, der Sohn unserer Gastgeber. Er war ein pakistanischer Christ, der in Saudi-Arabien arbeitete und jedes Mal seinen Urlaub benutzte, um seine Eltern in England zu besuchen. Er war es auch, der dafür gesorgt hatte, daß ich an diesem Sonntag abend in seiner Gemeinde sprechen konnte. Noble war von meinem Zeugnis derart beeindruckt, daß ihm der Gedanke kam, es in Buchform herauszubringen. Ich kann nur sagen, daß Gottes Heiliger Geist an jenem Abend offensichtlich am Wirken war. Diese neue Möglichkeit, für Jesus zu zeugen, übertraf meine kühnsten Erwartungen.

Noble war in der Position, die Sache günstig zu beeinflussen, denn der damalige leitende Direktor des Verlages Marshall, Morgan and Scott war sein Freund. Noble überredete ihn, sich die Aufnahme des Gottesdienstes anzuhören, und dieser Mann, mit Namen John, zeigte sofort großes Interesse. Er setzte alle Hebel in Bewegung und erhielt bereits nach wenigen Tagen die Zustimmung, daß sein Verlag meine Geschichte als Buch herausbringen würde. Ich mußte versprechen, mit keinem anderen Verlag einen ähnlichen Vertrag zu unterzeichnen. Thelma Sangster sollte die Geschichte in gutes Englisch fassen, und Noble Din würde als mein Übersetzer fungieren.

In gewisser Hinsicht schien es, als würde die Prophezeiung über mein Leben doch noch auf merkwürdige Art und Weise in Erfüllung gehen. Dennoch war es das genaue Gegenteil von dem, was der *najumi* vorhergesagt hatte, denn es ging hier ja überhaupt nicht um meine eigene Berühmtheit. Damals an jenem wunderbaren Morgen im Januar, nach meiner Heilung, hatte sich die Nachricht von dem Geschehen wie ein Lauffeuer in der gesamten Umgebung verbreitet. Freunde und Verwandte von nah und fern waren herbeigeeilt, um Zeuge dieses erstaunlichen Anblicks zu werden – Gulshan Fatima Schah, die neunzehn Jahre lang verkrüppelt gewesen war, konnte plötzlich gehen!

Doch wenn diese wunderbare Heilung jetzt in Buchform veröffentlicht wurde, würde sich die gute Nachricht von dem, was Jesus an mir getan hatte, noch weiter verbreiten und seinem Namen noch größere Ehre bringen. Und das Wichtigste war: Seine Botschaft: »Ich bin Jesus. Ich bin Immanuel. Ich bin der Weg, die Wahrheit und das Leben. Ich lebe, und ich werde bald wiederkommen«, diese Botschaft würde die Seiten des Buches füllen und aus ihnen widerhallen. Das war für mich ein weiteres erstaunliches Wunder.

Kapitel 10

Die asiatische Konferenz

Es war Mai, und in Oxford herrschte Hochbetrieb. Touristen aus aller Herren Länder mit den unterschiedlichsten Sprachen strömten in die Stadt. Die Fremdenführer hatten alle Hände voll zu tun, um ihre »Schäfchen« im Auge zu behalten, denen sie die vielen Colleges und Hochschulen zeigten, hier und da auf ein besonders interessantes Gebäude hinwiesen und dazwischen Anekdoten im Zusammenhang mit den verschiedenen Gedenkstätten und Monumenten erzählten. Eine der bewegendsten Geschichten war gewiß die von den Kreuzen in der Broad Street, der Stelle, an der Hugh Latimer und Nicholas Ridley am 16. Oktober 1555 um ihres Glaubens willen auf dem Scheiterhaufen verbrannt wurden. Durch die Jahrhunderte haben die berühmten Worte von Hugh Latimer widergehallt und ein Echo in vielen Herzen gefunden: »Getrösten Sie sich, Meister Ridley, und seien Sie ein Mann! Wir werden heutigen Tages durch Gottes Gnade eine Kerze in England anzünden, die, wie ich hoffe, nie wieder verlöschen wird!«

Die asiatischen Christen hatten für den 14. Mai 1983 ihre Jahreskonferenz in Oxford geplant und mich als Hauptrednerin dazu eingeladen. Für mich war das ein ganz besonderes Vorrecht, und ich verbrachte viel Zeit im Gebet und im Nachsinnen über Gottes Wort, um mich darauf vorzubereiten. Alles schien gutzugehen, und noch ahnte ich nichts von der dunklen Wolke, die über meinem Haupt hing und sich in Kürze entladen würde.

Die Konferenz sollte um 10 Uhr vormittags beginnen. Gegen 9 Uhr trafen meine Freunde aus Huddersfield ein. »Wir haben einen Brief für dich mitgebracht«, begrüßten sie mich. »Wir wußten deine genaue Adresse nicht, und da wir dich ohnehin heute sehen würden, haben wir ihn behalten, um ihn dir persönlich zu geben.« Damit reichten sie mir den Brief, und ich riß ihn umgehend auf.

Doch was ich dann las, versetzte mir einen regelrechten Schock. Meine zweite Adoptivtochter Razia war vor vier Wochen gestorben und längst unter der Erde. Sie hatte Krebs gehabt – und ich hatte nichts davon gewußt! Der Schrecken muß sich deutlich auf meinem Gesicht abgezeichnet haben, so daß meine Freunde unruhig wurden. Sie nötigten mich zum Sitzen und brachten mir ein Glas Wasser. Als ich ihnen die traurige Nachricht mitgeteilt hatte, waren sie sehr bestürzt. »Oh, hätten wir gewußt, was in dem Brief stand, dann hätten wir nichts unversucht gelassen, ihn an dich weiterzuleiten. Aber das wenigste wäre gewesen, ihn dir heute erst nach deinem Vortrag zu geben. Bitte, verzeih uns, aber wir hatten wirklich keine Ahnung.«

Trotz meines Kummers brachte ich es nicht fertig, ihnen böse zu sein. »Ihr konntet doch gar nicht wissen, was für Nachrichten dieser Brief enthielt. Macht euch deshalb bloß keine Vorwürfe!« Ich versuchte mit aller Gewalt, meine Fassung wiederzugewinnen, und bat die anderen, mich für ein paar Minuten allein zu lassen. Das einzige, was ich tun konnte, war, den Brief vor Jesus auszubreiten. »O Herr«, betete ich, »du weißt, wie es mir in diesem Augenblick geht. Mein Herz ist voll Kummer. Wie kann ich gleich vor so vielen Leuten stehen, wenn mir das Herz so schwer ist? Hilf mir, mit meinem Schmerz fertig zu werden, damit mein Zeugnis dennoch zur Verherrlichung deines Namens dient. Du allein kannst mir die Kraft geben, die ich brauche. Danke, daß du mich erhörst.«

Der Herr antwortete mir mit einer wunderbaren Verheißung: »Eines Tages wirst du Razia wiedersehen.« Dieser Hoffnungsstrahl, von Gott selbst kommend, durchbrach die Dunkelheit, die sich über mein Gemüt gesenkt hatte, und ließ mein Herz vor Freude jubeln. Diese Hoffnung kann selbst die traurigste Situation verändern. Der Abschied von unseren Lieben ist ja kein endgültiger. Deshalb brauchen wir uns auch nicht mit bitteren Gedanken zu quälen, so als würden wir sie niemals wiedersehen. Die Worte des Apostels Paulus klangen mir in den Ohren:

»Denn wenn Tote nicht auferweckt werden, so ist auch Christus nicht auferweckt. Wenn aber Christus nicht auferweckt ist, so ist euer Glaube nichtig, so seid ihr noch in euren Sünden. Also sind auch die, welche in Christus entschlafen sind, verlorengegangen. Wenn wir allein in diesem Leben auf Christus gehofft haben, so sind wir die elendesten von allen Menschen« (1. Korinther 15,16-19).

Sofort wußte ich ohne jeden Zweifel, worüber ich an jenem Morgen sprechen sollte. Als es Zeit für die Predigt war, hatte ich das Gefühl, daß die Hoffnung des ewigen Lebens, die alle meine Gedanken und Empfindungen durchdrang, wie eine Glühbirne war, die aus mir heraus in die Dunkelheit leuchtete. So war ich in der Lage, mein Zeugnis mit großer Überzeugungskraft weiterzugeben. Viele Herzen wurden dadurch berührt, und als ich von der Kanzel herunterkam, scharten sich die Zuhörer um mich, umarmten und küßten mich. Am Schluß des Gottesdienstes strömten viele nach vorn, um Jesus Christus ihr Leben anzuvertrauen oder sich ihm ganz neu auszuliefern. Es war eine herzbewegende Szene. Er hatte sogar ein Unglück nehmen und dazu benutzen können, seinen Namen zu verherrlichen, indem er uns half, über die momentane Trauer hinauszublicken und das herrliche Leben zu sehen, das er uns verheißen hat. Ich wußte, daß Razia bereits in dieses Leben eingegangen war.

Als Susan und ich nach Hause zurückgekehrt waren, fanden wir das Haus voller Leute, die alle darauf warteten, mit mir zu sprechen. Sie drängten mich, auch ihre jeweiligen Gemeinden zu besuchen und dort mein Zeugnis weiterzugeben. So viele Türen standen mir offen, daß es zwei oder sogar drei Leute gebraucht hätte, um sie alle zu durchschreiten. Es fiel mir nicht leicht, etliche der Einladungen abzusagen, da ich bereits eine ganze Reihe von Verpflichtungen übernommen hatte. Sonntags nachmittags ging ich regelmäßig zum 15-Uhr-Gottesdienst in der asiatischen Gemeinde in Oxford. Dienstags leitete ich dort die Bibelstunde und mittwochs die Gebetsversammlung. Dennoch versprach ich, einigen der Gemeinden, die mich eingeladen hatten, bei Gelegenheit einen Besuch abzustatten. Ich war froh, als der Tag endlich vorüber war.

Als ich abends gegen 21 Uhr mein Bett aufsuchte, strömten die Erinnerungen an Razia wie eine Flutwelle in meine Gedanken hinein. Sie war Christ gewesen, eine gläubige Katholikin. Ich mußte daran denken, wie sie zu meiner Adoptivtochter geworden war. Ihre Mutter lebte in einem kleinen Dorf weit draußen auf dem Land, und ich hatte dieses Dorf aufgesucht, um dort von Jesus zu zeugen. Die Mutter war sehr krank, und nachdem ich für sie gebetet hatte, sagte sie: »Schwester Gulshan, ich weiß, daß ich nicht mehr lange zu leben habe. Würden Sie sich nach meinem Tod um meine Kinder kümmern?« Ich versprach es ihr. Sechs Monate später starb sie. Ich nahm ihre Kinder mit nach Faisalabad und adoptierte sie auf legale Weise. Es waren vier Geschwister: Edwin, Zenith, Razia und Sheila. Als Edwin mit der Schule fertig war, besorgte ich ihm eine Lehrstelle als Schweißer. Zenith arbeitete als Krankenschwester und hatte schon ihrer Mutter geholfen, die Geschwister zu versorgen. Ihr Vater war gestorben, als Edwin erst sechs Monate alt war.

Razias Hochzeit war für mich ein besonders schönes Ereignis gewesen. Eine ganze Woche lang wurde gefeiert. Es war das Schönste, was ich seit langem erlebt hatte, und erinnerte mich stark an die fröhlichen Feste, die wir anläßlich der Hochzeiten meiner eigenen Brüder und Schwestern gefeiert hatten. Zwar war es bei Razia längst nicht so hochherrschaftlich zugegangen, aber sie hatte eine glückliche Ehe geführt, wenn diese auch, wie ich nun wußte, nur von kurzer Dauer gewesen war. Ein Jahr später war sie gestorben.

Ich hatte Razia zum letzten Mal am Bahnhof von Faisalabad gesehen, als ich im September 1982 von meinen Kindern Abschied nahm, um nach England zu fahren. Ich erinnerte mich, wie sie mir etwas in die Hand gedrückt und dabei mit strahlendem Gesicht gesagt hatte: »Hier, Ma-ji. Das habe ich extra für dich gemacht.« Es war ein Taschentuch, in das sie ein Bild von Jesus eingestickt hatte.

Ich stand aus meinem Bett auf, um das Taschentuch aus der Schublade zu holen. Unwillkürlich kamen mir die Tränen, als ich es auf dem Tisch ausbreitete. Wäre ich doch bloß, wie geplant, im Januar nach Pakistan zurückgeflogen, dann hätte ich sie noch lebendig angetroffen! Meine natürlich-menschlichen Gefühle drängten mit Macht an die Oberfläche. Ich wußte, wo Razia jetzt war, trotzdem tat ihr plötzlicher Tod mir sehr weh. Nie wieder würde ich in diesem Leben ihr liebes Gesicht vor mir sehen. Die Kette war zerbrochen, und das fehlende Glied verursachte eine schmerzhafte Lücke. Ich glaube nicht, daß Jesus mir deswegen Vorwürfe machte. Hatte er nicht auch einst weinend am Grab seines Freundes Lazarus gestanden? Irgendwann würde mein verwundetes Herz wieder heil sein, das wußte ich. Während ich so dalag, kämpften zwei Mächte in mir: der Schmerz des Todes und die Hoffnung des ewigen Lebens. Schließlich, nach langer Zeit, schlief ich erschöpft ein.

In den darauffolgenden Wochen stürzte ich mich mit noch größerem Eifer in meinen Reisedienst. Am 19. Mai fuhren Susan und ich nach Didcot, wo wir mit einer asiatischen Familie Gemeinschaft hatten. Es kam auch vor, daß wir als ganze Gruppe die verschiedenen Gottesdienste besuchten und dabei unsere Musikinstrumente mitnahmen. Jedesmal, wenn einer der Männer die *tabla* oder den *dolki* spielte, kam ich mir vor wie auf einer Hochzeit. Langsam fing ich an zu begreifen, weshalb Jesus das Leben im Himmel mit einer großen Feier vergleicht.

Die Ehe kann das höchste Glück auf dieser Erde bedeuten, sie kann aber auch ungeahnte Probleme mit sich bringen und sogar die engsten Familienglieder voneinander trennen. Gelegentlich wurde auch ich in solche Situationen hineingezogen, wenn Menschen mich um meinen Rat fragten. Bei Asiaten, die sich zu Christus bekehrt haben, können besonders schwerwiegende und komplexe eheliche Schwierigkeiten auftreten. Sind die Schwiegereltern Moslems, bestehen sie in der Regel darauf, daß die Schwiegertochter ebenfalls Moslemin wird. Manchmal bin ich von jungen Mädchen gebeten worden, ihnen bei der Entscheidung zu helfen, ob sie einen moslemischen Mann heiraten sollten oder nicht. Man hört ja häufig das Argument, daß Menschen, die einen anderen Glauben haben, »genauso gut« seien und deshalb eine Mischehe kein Problem bedeute. Ich konnte den Mädchen jedoch immer nur den einen Rat geben: »Jesus muß dir wichtiger sein als ein Ehemann. Wenn du einen Moslem heiratest, mußt du wissen, daß du dein Christentum nicht mehr ausleben kannst. Du wirst weder zur Kirche gehen noch mit anderen Christen Gemeinschaft haben dürfen. Einem moslemischen Mann ist es gestattet, vier Frauen zu haben, und du wirst ihn nicht daran hindern können, eine zweite Frau zu nehmen, wenn er das will.« Auf diese Weise versuche ich Menschen zu beraten und ihnen die Augen zu öffnen, wenn sie mich um Hilfe bitten.

Ich hatte nicht allzuoft Gelegenheit, mit Nichtchristen zu sprechen, doch eine solche Möglichkeit bot sich mir anläßlich einer Zusammenkunft, die ich auf Einladung einiger Ältester der asiatischen Gemeinde in Birmingham besuchte. Dort traf ich eine ganze Anzahl von Sikhs und Hindus an. Viele von ihnen suchten Heilung durch das Gebet, und der Herr bestätigte sein Wort auf wunderbare Weise durch augenblickliche Resultate. Diejenigen, die nicht an derartige Gebetserhörungen gewöhnt waren, wunderten sich natürlich. Leider sahen manche in Jesus nur den, der sie von ihren körperlichen Krankheiten gesund machen konnte, und nicht als den Sohn Gottes, der für ihre Sünden am Kreuz gestorben war. Anstatt ein Mittel zu ihrer Bekehrung zu sein, erwies sich die Heilung in solchen Fällen eher als gravierendes Hindernis. Das ist einer der Gründe, weshalb ich mich scheue, körperliche Heilung überzubetonen. Ärztliche Hilfe kann dazu dienen, den Leib gesund zu machen, aber nur Jesus Christus ist in der Lage, Seele und Geist gesund zu machen und den Menschen ewiges Leben zu schenken. Hat er doch selbst gesagt: »Was nützt es einem Menschen, die ganze Welt zu gewinnen und seine Seele einzubüßen?«

Als Reaktion auf eine nach der Konferenz in Oxford ausgesprochene Einladung fuhr ich nach Leicester. Nachdem ich mein Zeugnis gegeben hatte, glaubten viele an den Herrn Jesus Christus und waren davon überzeugt, daß das Licht des Evangeliums wahrhaftig in die Dunkelheit ihrer Umgebung hineinzuleuchten vermochte. Jesus lebte, und er war dabei, seine Schafe hereinzuführen. Die mich gehört hatten, teilten mein Verlangen, noch andere Schafe herbeizuholen. Deshalb luden sie mich ein, wiederzukommen, damit sie auch ihre Freunde, die keine Christen waren, mitbringen und diese mein Zeugnis hören konnten.

Ein andermal wurden Susan und ich von Fazad und seiner Frau nach Southampton abgeholt. Fazad arbeitet in einer Computerfirma und hat zwei Kinder. Eine gute Bekannte von ihnen mit Namen Zenib, mit der sie schon viele Gespräche geführt hatten, übergab ihr Leben Jesus Christus, nachdem sie mein Zeugnis gehört hatte. Fazad und seine Frau waren überglücklich, aber Zenibs moslemische Freunde natürlich nicht. Immer wieder stellten sie ihr Fragen über ihren neuen Glauben und kritisierten sie heftig, weil sie dem Islam abgesagt hatte. Die Sache wurde ihr mit der Zeit so lästig, daß sie mir einen dringenden Hilferuf sandte: »Schwester Gulshan, bitte komm und beantworte ihre Fragen. Ich schaffe es einfach nicht.« Ich sagte mein Kommen zu einem späteren Zeitpunkt zu.

Um diese Zeit erhielt ich eine Einladung, die meinen gesamten Dienst hätte umkrempeln können, wenn ich darauf eingegangen wäre. In Bristol gab es eine Gruppe von asiatischen Christen, die keinen Pastor hatten. Sie baten mich, zu ihnen zu kommen und die Gemeinde zu übernehmen. Sie wollten alles tun, was ich verlangte. Auch alle gesammelten Opfergelder sollten mir gehören, wenn ich nur meine Zustimmung gäbe. Für mich war dies jedoch wieder eine neue Versuchung, von dem Weg, den ich nach Gottes Plan zu gehen hatte, abzuweichen. So schrieb ich den Gemeindegliedern einen Brief, in dem es hieß: »Es tut mir leid, aber ich kann Ihre Einladung nicht annehmen, auch wenn ich mich dadurch geehrt fühle. Pastor zu sein, ist nicht meine Berufung. Gott hat mich zum Evangelisten berufen, und diesem Ruf muß ich treu sein.«

Doch so leicht ließen sich die Leute nicht abwimmeln. »Können Sie denn wenigstens jeden Sonntag kommen und den Gottesdienst bei uns halten?« Einige Sonntage fuhr ich tatsächlich mit Susans Bruder nach Bristol. Mehrmals baten sie mich dringend: »Bitte, bleiben Sie hier und werden Sie unser Pastor!« Die asiatischen Frauen, die mit moslemischen Männern verheiratet waren, sagten zu mir: »Wir haben hier keinen, der unsere Sprache spricht und uns im Wort Gottes unterweisen kann. Bitte, machen Sie Ihre Entscheidung rückgängig und kommen Sie zu uns!« Es dauerte eine geraume Zeit, bis ich sie von meinem Standpunkt überzeugt hatte.

Durch einen bekehrten Hindu, der als Evangelist in Oxford arbeitete, hatte ich ein besonders schönes Erlebnis in dem angesehensten Haus der Stadt, dem Randolph-Hotel. Es liegt im Herzen von Oxford, wurde im Jahr 1864 erbaut und ist wegen seiner wunderschönen Architektur und seiner außergewöhnlichen Eleganz berühmt. Nie im Leben hätte ich mir träumen lassen, daß ich eines Tages die Ehre haben würde, dort als Gastrednerin aufzutreten. Doch der Herr tut oft große Dinge durch seine Knechte. Die einzige Erfahrung, die ich bisher mit englischen Hotels gemacht hatte, war der Aufenthalt in London gewesen, wohin mein Vater mich 1966 mitgenommen hatte, um ärztliche Hilfe für meinen verkrüppelten Körper zu finden. Doch jetzt durfte ich das Randolph-Hotel als Ehrengast betreten. Welch ein Gegensatz zu den sonstigen Zusammenkünften in Kirchen oder Schulräumen!

Die Vereinigung christlicher Geschäftsleute hatte am 20. Juni ihr Treffen im Spires-Restaurant des Randolph-Hotels. Ich war als einer der Sprecher eingeladen, und unser Freund, der oben erwähnte Evangelist, hatte dafür drei Eintrittskarten bekommen, eine für mich, eine für sich und eine für Susans Bruder, der mich übersetzen sollte. Als ich den Raum betrat und die wunderschöne Musik hörte, die glänzenden Kronleuchter und das auserlesene Mobiliar sah, kam ich mir vor wie eine Prinzessin. Gott, mein Vater, war wirklich der König aller Könige, und ich als seine Tochter hatte das große Vorrecht und die Freiheit, mich seiner guten Gaben erfreuen zu dürfen.

Die ganze Atmosphäre kam mir vor wie ein Traum. Geschäftsleute verkehren normalerweise nicht mit dem gewöhnlichen Volk, und doch durfte ich jetzt sogar zu ihnen sprechen. Unglaublich! Die anderen zwei oder drei Sprecher, die auch eingeladen waren, kamen gar nicht mehr an die Reihe. Als die eleganten, gutangezogenen Herren hörten, wie Jesus mich geheilt und auf welche Weise er mich nach England geführt hatte, waren sie total begeistert und ermutigten mich weiterzumachen. »Die anderen Sprecher können wir auch ein andermal noch hören«, meinten sie, »aber Sie höchstwahrscheinlich nicht.«

Nach der Versammlung schüttelten mir alle die Hand und erklärten, mein Zeugnis habe sie sehr bewegt. Dadurch, daß ich ihnen von den Verfolgungen aufgrund meines Glaubens berichtet hatte, war ihnen ganz neu klargeworden, von welch unschätzbarem Wert das Christentum ist. Zudem war es für sie etwas ganz Neues, eine ehemalige Moslemin so frei sprechen zu hören. Der Versammlungsleiter legte mir die Hand auf die Schulter und sagte: »Der Herr hat heute abend zu mir gesprochen. Wir alle sollen Zeugen Jesu Christi sein. Danke, daß Sie uns neu daran erinnert haben.«

Für unser leibliches Wohl war ebenfalls bestens gesorgt. Die Auswahl an Speisen war so groß, daß ich nicht wußte, was ich nehmen sollte. Es schmeckte alles köstlich, und die Gemeinschaft untereinander war großartig.

Kurze Zeit später beschloß ich, mein Versprechen Zenib gegenüber wahr zu machen und noch einmal nach Southampton zu fahren. Aman Jeet und seine Frau Krishna begleiteten Susan und mich am 18. Juli in diese bekannte Hafenstadt, von der aus viele Ozeanriesen nach Indien und in andere Teile der Welt ausgelaufen sind.

Hier erlebte ich eine der größten Herausforderungen meines bisherigen Lebens. Ich sollte meinen neuen Glauben einer moslemischen Familie erklären – aber keiner normalen Familie, sondern Menschen, die beinahe fanatisch waren in ihrem Glauben und der Praktizierung des Islams. Sie konnten es einfach nicht fassen, daß ich, die ich zu einer Sayed-Familie gehört und einen Pir zum Vater gehabt hatte, Christ geworden war. Wenn das stimmte, dann war ich ein Ungläubiger, ein Abgefallener, ein Verräter. Trotzdem luden sie mich in ihr Haus ein.

Die Mutter führte von Anfang an das Wort. Ohne Umschweife platzte sie mit der ersten Frage heraus: »Haben Sie den Islam aufgegeben?«

»Nein«, erwiderte ich, »ich habe den Islam nicht aufgegeben. Im Gegenteil, ich habe jetzt den wahren Islam.« (Islam bedeutet »Hingebung«.)

Sie schien erstaunt, ließ aber sofort eine zweite Frage folgen: »Sie sagen in Ihren Vorträgen aber immer wieder, daß Jesus Christus der Sohn Gottes sei. Wenn Sie den wahren Islam hätten, wie Sie vorgeben, dann wüßten Sie, daß der Koran lehrt, daß Jesus ein Prophet war genau wie Abraham, Mose und andere. Wie läßt sich das mit Ihren Aussagen vereinbaren? Sie widersprechen sich selbst! Wir Moslems behaupten nicht, daß Mohammed (der Friede und der Segen Allahs seien über ihm) Gottes Sohn war. Er war ein Mensch, ein Prophet Allahs, und zwar der letzte, endgültige Prophet. Das müßten Sie eigentlich wissen.«

Sie sprach mit mir, als kenne ich mich im Islam nicht aus. Mein Stolz war verletzt, und ich fühlte mich versucht, ihr zu erzählen, wie mein Vater mir mit peinlicher Genauigkeit beizubringen versucht hatte, was ich glauben sollte. Doch ich bezwang mich. Eingedenk der Worte Jesu: »Seid nicht besorgt, wie

110

oder was ihr reden sollt; denn es wird euch in jener Stunde gegeben werden, was ihr reden sollt. Denn nicht *ihr* seid die Redenden, sondern der Heilige Geist«, antwortete ich mit ruhiger Stimme: »Jesus war mehr als ein Prophet. Er hat den Menschen nicht nur die Botschaft Gottes weitergegeben, sondern er war selbst Gott in menschlicher Gestalt. In der Nacht, in der er mich geheilt hat, sagte er zu mir: ›Ich bin Immanuel.‹ Immanuel bedeutet ›Gott mit uns‹. Somit war Jesus nicht nur ein Prophet.«

»Sie behaupten also, Jesus sei größer als unser Prophet?«

»Ich kann nur wiederholen, daß Jesus mehr ist als ein Prophet. Er ist der Sohn Gottes, der uns unsere Sünden vergibt.«

»Was soll das heißen? Unser Koran lehrt, daß nur Allah Sünden vergeben kann. Wir müssen ihn immer wieder darum bitten. Aber das wissen Sie wahrscheinlich auch nicht, oder?« fragte sie. Sie konnte es offensichtlich nicht begreifen, daß ich nur so wenig vom Islam verstanden hatte.

Ruhig gab ich zur Antwort: »Gewiß müssen wir um Vergebung unserer Sünden bitten. Was ich Ihnen sagen will, ist, daß Gott, unser Vater, uns die Sünden durch Jesus Christus vergibt. Wir brauchen seine gnädige Vergebung nur anzunehmen.«

»Ohne darum zu beten und ohne die Gnade Allahs zu erflehen?«

»Worum wir bitten müssen, ist ein williges Herz, um das anzunehmen, was Gott uns in seiner Gnade umsonst anbietet. Jesus ist am Kreuz für unsere Sünden gestorben.«

»Dieses ganze Gerede vom Kreuz! Nichts als Unsinn! Wie kann ein Mensch, der an einem Kreuz stirbt, jemand die Sünden vergeben? Sie sind wohl nicht ganz richtig im Kopf!«

»Jesus war ja nicht nur ein Mensch, der am Kreuz gestorben ist. Er war der Sohn Gottes, der die Strafe für unsere Sünden auf sich genommen hat, damit wir Vergebung erlangen und frei sein können, Gott zu lieben. Der Lohn der Sünde ist der Tod. Das Sterben Jesu bedeutet, daß er damit für unsere Sünden bezahlt hat.«

»Ach, das ist mir viel zu kompliziert! Wie kann ich solche Worte verstehen? Der Koran ist viel einfacher.«

Ich schlug meine Bibel auf und las ihr die Worte des Apostels Paulus vor:

»Denn das Wort vom Kreuz ist denen, die verlorengehen, Torheit; uns aber, die wir errettet werden, ist es Gottes Kraft ... Wir predigen Christus als gekreuzigt, den Juden ein Ärgernis und den Nationen eine Torheit ...« (1. Korinther 1,18.23).

»Wer geht hier verloren?« fuhr sie mich an. »Ich nicht und meine Familie auch nicht! Wie mir scheint, sind Sie es, die verlorengehen – weil Sie den Islam aufgegeben haben.«

»Verloren gehen alle, die nicht akzeptieren wollen, daß Gott uns in Jesus Christus die Sünden vergibt und durch ihn die Tür zum ewigen Leben aufschließt. Menschen, denen es egal ist, ob ihre Sünden vergeben werden und sie die Ewigkeit in Gottes Gegenwart zubringen werden oder nicht, diese Menschen gehen verloren. Durch Jesus empfangen wir ewiges Leben, und dieses Leben fängt hier und jetzt an. Gott sei Dank, ich habe dieses neue Leben in mir!«

»Wie kann ein Mensch, der am Kreuz gestorben ist, jemand ewiges Leben geben?« fragte sie. »Der Koran lehrt, daß wir nach unserem Tod ins Paradies kommen und dann all die Segnungen erhalten werden, die wir uns wünschen. Erst dann fängt das neue Leben an, nicht jetzt. Sie sind noch dümmer, als ich dachte.«

Ihre Worte erinnerten mich stark an das, was mein Schwager Blund Schah einmal zu mir gesagt hatte: »Sogar in eurer Bibel steht, daß nur Verfluchte am Kreuz sterben. Wie kann ein Verfluchter anderen Menschen Leben geben?«

Ich hatte versucht, ihm zu erklären, daß mit dem »Fluch« unsere Sünden gemeint sind, aber es hatte nichts genützt. Deshalb versuchte ich es jetzt auf andere Weise. »Wissen Sie, Jesus, der Sohn Gottes, ist nicht am Kreuz geblieben. Er ist von den Toten auferstanden. Er lebt! Das weiß ich ganz bestimmt, denn er ist mir in meinem Zimmer erschienen und hat meinen verkrüppelten Körper geheilt. Sie sollen ja keinen Toten verehren, sondern einen lebendigen Heiland.«

»Ach ja, Ihr verkrüppelter Körper! Ich wünschte, Sie wären überhaupt nicht geheilt worden!«

Traurig sah ich sie an. Es ging ihr genau wie meinen Brüdern, die mich auch lieber tot gesehen hätten, als mich sagen zu hören, Jesus Christus sei der Sohn Gottes und mein Heiland. »Vielleicht wäre es Ihnen wirklich lieber gewesen, wenn ich ein Krüppel geblieben wäre. Aber Gott, mein Vater, hat mich lieb, und er hat meine verdorrten Glieder mit neuem Leben erfüllt.«

»Sie nennen Gott laufend ›Vater‹. Vermutlich beten Sie auch so zu ihm.«

Ich ergriff die Gelegenheit, ihr das wunderschöne Gebet aufzusagen, das Jesus mich gelehrt hatte: »Unser Vater ... « Sie ließ mich indessen kaum aussprechen, sondern fragte ungläubig: »Wollen Sie etwa sagen, daß Sie alle unsere schönen Gebete dafür aufgegeben haben?«

»Jawohl«, erwiderte ich. »Ich bete jetzt zu einem Gott, der nicht weit weg und unfaßbar ist, sondern der mir ganz nahe ist und mich liebhat. Sein Wort, die Bibel, ist mein größter Schatz. Täglich lese ich darin und lerne Gott so immer besser kennen.«

»Sie erwarten doch wohl nicht von uns, daß wir auch dieses Buch lesen sollen? Wenn wir Moslems gemeinsam den Koran lesen, werden wir von seiner erhabenen Dichtkunst auf eine höhere Ebene versetzt. Wir fühlen uns getragen von einer Woge der Zuneigung und Verehrung Allah gegenüber, die uns vereint. Was hat die Bibel diesbezüglich zu bieten? Sie ist in so viele Sprachen übersetzt worden – und sogar in unterschiedliche Versionen ein und derselben Sprache –, daß die Menschen unmöglich das gleiche Gefühl des Einsseins haben können, wenn sie sie lesen. Sie verlangen von uns, daß wir das Bessere gegen etwas Minderwertiges eintauschen.«

»Ich verlange überhaupt nichts von Ihnen, wozu Sie nicht bereit sind. Ich kann Ihnen nur das weitersagen, was Jesus mir klargemacht hat. Sie müssen selber Ihre Entscheidung treffen, ob Sie die Dunkelheit dem Licht vorziehen.«

»Sie sind wirklich sehr arrogant und überheblich.« Mit diesen Worten geleitete sie uns zur Tür. »Ich möchte nichts mehr mit Ihnen zu tun haben. Sie haben unseren Glauben verraten. Ein Ungläubiger ist in meinem Haus nicht willkommen!«

Kapitel 11

Nach Kanada

Meinen Angehörigen in Pakistan war es undenkbar erschienen, daß ich die Geborgenheit meines Zuhauses und meiner Familie verlassen und allein ins Ausland gehen könnte. Doch was sich keiner von ihnen vorstellen konnte, war durch Jesus Christus Realität geworden. Er hatte mich Schritt für Schritt geleitet, und jetzt, im August 1983, führte er mich sogar über die Grenzen Englands hinaus nach Kanada, dem zweiten Land, das ich nach Ansicht meiner Angehörigen auf keinen Fall aufsuchen durfte.

Die Kassette mit meinem Zeugnis, die Freunde in Pakistan aufgenommen hatten, war in verschiedene Länder geschickt worden. Dazu gehörten Saudi-Arabien, Iran, Irak, Kuwait, Marokko, England und auch Kanada. Die asiatischen Christen in Kanada hielten jedes Jahr eine Konferenz in Alberta ab, zu der besondere Gastredner eingeladen wurden. Der verantwortliche Leiter war ein kanadischer Pastor, aber einer seiner Ältesten, ein asiatischer Geschäftsmann, hatte mein Zeugnis auf Kassette gehört und schlug mich als Hauptrednerin vor.

Als ich die Einladung erhielt, betete ich zunächst für die Sache. Ich beschloß, hinzufahren, wenn es des Herrn Wille wäre. Kurze Zeit später erhielt ich zwei Flugkarten, eine für Susan und eine für mich. Das war für mich ein Zeichen, daß der Herr uns in Kanada haben wollte. Wir waren beide freudig erregt über diese neue Tür, die Jesus mir geöffnet hatte. Susan war vor Begeisterung ganz aus dem Häuschen und stürzte sich mit Feuereifer in die Vorbereitungen für unseren ersten transatlantischen Flug.

In Alberta angekommen, wurden wir von den asiatischen und karibischen Christen sehr herzlich begrüßt und willkommen geheißen. Genau wie in Pakistan, hängte man uns so viele Girlanden um den Hals, daß das Gewicht uns fast zu Boden drückte. Der Duft der Blumen erfüllte die Luft. Doch das war nicht die einzige Erinnerung an Pakistan, die mich in Kanada erwartete. Wen sollte ich in Alberta antreffen, als ausgerechnet den Pastor, der mich getauft hatte, Reverend Aslam Khan?

Der Schritt der Taufe war damals alles andere als einfach für mich gewesen. Er hatte eine totale Trennung von meiner Familie bedeutet. Doch als ich einmal überzeugt war, daß dieser Schritt die einzige Möglichkeit darstellte, die Veränderung, die in meinem Herzen stattgefunden hatte, und meine feste Entschlossenheit, dem Herrn Jesus Christus nachzufolgen, öffentlich zu bezeugen, gab es für mich kein Zurück mehr. Der Major der Heilsarmee, der mir meine erste Bibel gegeben hatte, ließ mich nicht im unklaren über die Gefahr, in die ich mich damit begab.

»Wissen Sie, was geschehen kann, wenn Sie diesen Schritt tun?« hatte er besorgt gefragt. »Vielleicht dürfen Sie dann nie mehr nach Hause kommen. Ihre Angehörigen könnten sogar versuchen, Sie umzubringen. O ja, auch wenn sie sonst noch so lieb sind, kann sich doch das Blatt vollkommen wenden, sobald sie merken, daß einer aus ihrer Mitte dem moslemischen Glauben absagt.«

Seine Warnung hatte mich nicht überrascht. Ich erinnerte mich gut daran, was mein Bruder Safdar Schah gesagt hatte: »Um des Islams willen könnten wir dich sogar töten. Das steht im Koran.«

Trotzdem stand mein Entschluß fest. Ich konnte nicht effektiv für Jesus Christus zeugen, ohne ein öffentliches Glaubensbekenntnis abzulegen. Deshalb sagte ich: »Jesus Immanuel hat mir gesagt, ich solle sein Zeuge sein, und die Taufe ist für mich der nächste Schritt. Ich muß ihm gehorsam sein, um den inneren Frieden, den ich jetzt besitze, nicht zu verlieren. Es ist besser, mit Christus zu sterben, als ohne ihn zu leben.« »So sei es denn«, hatte der Major geantwortet und Vorkehrungen getroffen, daß ich mit seiner Frau nach Lahore fahren und dort Reverend Aslam Khan in der Karachi Road aufsuchen würde, der sich zusammen mit seiner Frau um bekehrte Moslems kümmerte. Die beiden hier in Alberta wiederzusehen, brachte lebendige Erinnerungen an die erste Zeit meines Lebens mit Jesus mit sich.

Aslam Khan und seine Frau waren nach meiner Taufe Aba-ji (Vater) und Ama-ji (Mutter) für mich geworden. Allerdings war mein Verhältnis zu Ama-ji anfänglich nicht das allerbeste. Sie

115

erwartete von mir, daß ich ihr bei der Hausarbeit half, aber da ich keinerlei Erfahrung darin besaß, stellte ich mich nicht besonders geschickt an, und das wiederum mißfiel Frau Khan. Ich weiß noch, daß ich manchmal stark versucht war, wieder nach Hause zurückzukehren, wo ein gemütliches Bett, die Fürsorge meiner Tante und meines Onkels sowie ein bequemes Leben, in dem die Diener alle Arbeit taten, auf mich warteten.

Ich war immer unglücklicher geworden und hatte sogar eines Abends voller Verzweiflung zu Jesus geschrien: »Ich habe doch mein Leben dir übergeben und spüre genau, daß ich auf dem richtigen Weg bin. Warum muß mir denn jetzt dieses passieren?«

Jesus hatte mir mit leiser, sanfter Stimme geantwortet: »Keine Angst, ich bin immer bei dir. Nichts und niemand kann dir etwas anhaben.« Seine Worte brachten meinem Herzen Frieden, und die Rebellion und Versuchung zum Ausbrechen verließen mich. Das Beispiel Jesu stand mir vor Augen, wie er seinen Jüngern die Füße gewaschen und sie mit dem Tuch abgetrocknet hatte. Es war ein Zeichen vollkommener Demut und Dienstbereitschaft gewesen, und ich war entschlossen, diesem Beispiel meines Meisters zu folgen. Danach wurde mein Verhältnis zu Ama-ji immer besser.

Mit Aba-ji gab es ganz andere Probleme. Ich erinnerte mich genau an das Gespräch, das ich nach meiner Taufe mit ihm geführt hatte. Überglücklich über das neue Leben in mir, war ich aus dem Taufbecken herausgestiegen. Ich trug jetzt auch einen neuen Namen: Esther. Als die Freunde, die bei der Tauffeier zugegen gewesen waren, gegangen waren, hatte Reverend Khan mich gefragt, wie ich mich fühle. »Prima«, hatte ich erwidert. »Aber jetzt möchte ich gerne Zeugnis ablegen von dem, was geschehen ist.«

Doch davon wollte er nichts wissen. »Du kannst durch dein Tun Zeugnis ablegen«, hatte er gemeint. »Es ist nicht nötig, daß du dazu deinen Mund gebrauchst.« So leicht hatte ich mich jedoch nicht abweisen lassen, sondern entschlossen gesagt: »Ich bin sicher, Jesus möchte, daß ich Zeugnis von ihm ablege. Darf ich in der Gemeinde sprechen?« Er machte mir klar, daß ich vorerst nicht in der Öffentlichkeit auftreten sollte. »Du kannst vorerst im Haus ein Zeugnis sein«, belehrte er mich. »Gott wird das bestimmt annehmen.« Später hatte er mir dann geholfen, eine Arbeitsstelle als Hausmutter in der »Sunrise School for the Blind« zu finden.

Es war ein herzbewegendes Erlebnis, sie hier in Alberta wiederzusehen. Sie hatten inzwischen meine Bekehrungsgeschichte erfahren und wußten auch, was ich anschließend von seiten meiner Familie durchlitten hatte. Eigentlich merkwürdig, daß sie mich in den fünf Wochen, die ich in ihrem Haus in der Karachi Road zugebracht hatte, weil sie sicher sein wollten, daß ich auch wirklich Christ geworden war, nicht ein einziges Mal gefragt hatten, wie ich zu Jesus gefunden hatte. Als wir uns jetzt umarmten, konnten sie sich der Tränen nicht erwehren. Manche fragten sogar, ob ich ihre Tochter sei!

Aslam Khan und seine Frau nahmen an der Konferenz der asiatischen Christen teil, bei der ich das Evangelium verkündigen und mein Zeugnis geben sollte. Die Botschaft, die mir auf dem Herzen lag, waren die Worte Jesu an mich: »Ich lebe, und ich werde bald wiederkommen.«

»Jesus kommt bald!« rief ich den Anwesenden zu. »Seid ihr bereit, ihn zu empfangen?« Aber diese Herausforderung war wohl zu groß für sie. Darauf waren sie nicht vorbereitet. Es genügte ihnen vollkommen, daß Jesus mich mit seiner Heilungskraft angerührt und gesund gemacht hatte. Das bestätigte ja nur, was sie selber auch glaubten – daß er heute noch Wunder tut. Aber sich auf sein Kommen vorzubereiten, das war etwas völlig anderes!

Die Reaktionen auf meine Botschaft waren ganz verschieden. Manche konnten nicht verstehen, wie ich nach einer einzigen Begegnung mit Jesus alles glauben konnte, was er mir sagte. Oft genug hatten sie erlebt, wie Menschen in Pakistan bei großen evangelistischen Veranstaltungen Abend für Abend aufgefordert worden waren, Jesus als ihren Erlöser anzunehmen, ohne darauf zu reagieren. Eine Familie sagte sogar zu mir: »Sie können sich glücklich schätzen, daß Jesus Sie geheilt und gerettet hat. Wenn er uns ein ähnliches Erlebnis schenkt, dann werden wir auch glauben, was Sie uns sagen.« Ich konnte alles nur dem Herrn anbefehlen.

Einen interessanten Kontakt gab es mit einer Sikh-Familie. Sie hatten eine vierjährige Tochter mit Namen Bima, die zuckerkrank war und zudem an Asthma litt. Häufig hatte sie Probleme mit der Luft. Nachdem wir uns kennengelernt hatten, wandte die Kleine sich mit den Worten an ihre Mutter: »Mama, wenn Schwester Gulshan für mich betet, werde ich alles essen können. Du brauchst dir dann keine Gedanken mehr darüber zu machen, was ich essen darf und was nicht.« Es war rührend, das kindliche Vertrauen dieses vierjährigen Mädchens zu sehen. Wie wahr ist es doch, daß Gott sich aus dem Mund der Unmündigen und Säuglinge Lob bereitet hat (Matthäus 21,16).

Ich wurde ins Haus dieser Familie eingeladen, und zu ihrer großen Freude war Bima, nachdem ich für sie gebetet hatte, tatsächlich vollkommen gesund!

Ich lernte auch eine Witwe kennen, deren Mann, ein Arzt, Selbstmord begangen hatte. Die Frau hatte in seiner Hand einen Brief gefunden, in dem er darum bat, wie ein Christ beerdigt zu werden. Sie hatte nichts davon gewußt, daß ihr Mann den christlichen Glauben angenommen hatte, wollte aber unbedingt seinen letzten Wunsch erfüllen. Seine Familie war total dagegen, da die Sikhs ihre Toten grundsätzlich verbrennen. Schließlich war es ihr aber doch gelungen, sie davon zu überzeugen, daß sie den letzten Wunsch ihres Mannes erfüllen sollten. Ich glaube, das war der erste Schritt dieser Frau auf dem Weg zu Jesus Christus hin, denn nachdem sie mein Zeugnis gehört hatte, nahm sie ihn als ihren persönlichen Herrn und Erlöser an.

Diese beiden Erlebnisse gaben uns neuen Mut, und wir konnten die Tage, die wir im wunderschönen Jasper-Gebirge verbringen durften, so richtig genießen.

Von dort aus flogen Susan und ich nach Toronto weiter. Man nahm uns auf einen Ausflug zu den berühmten Niagarafällen mit, der mir unvergeßlich bleiben wird. Mit ehrfürchtigem Staunen stand ich vor diesem grandiosen Naturschauspiel. Susan, deren augenblickliche Begeisterung gewöhnlich noch größer ist als ihr Mut, wollte in eins der Boote einsteigen, die am Fuß der Wasserfälle auf dem Fluß kreuzten. Nach längerem Reden gelang es mir, sie von dieser Idee abzubringen.

Sehnsüchtig blickte ich über die Grenze nach den Vereinigten Staaten hinüber. Im Augenblick waren sie für mich unerreichbar, denn ich besaß kein Einreisevisum. Eine christliche Familie aus Dallas hatte mich zwar eingeladen, sie zu besuchen, aber da mein Paß zu dem Zeitpunkt gerade beim Innenministerium war, konnte ich die Einladung nicht annehmen. »Macht nichts«, dachte ich und mußte unwillkürlich lächeln, »wenigstens habe ich es gesehen. Das reicht für den Augenblick.«

Mein Dienst in Toronto erwies sich als entschieden fruchtbarer. Die Christen hatten Handzettel vorbereitet, in denen auf die Versammlungen hingewiesen wurde.

Ich wurde herzlich willkommen geheißen. Die Empfindungen derer, die kamen, um mich sprechen zu hören, lassen sich am besten in den Worten einer Frau zusammenfassen: »Schwester Gulshan, ich hatte vorher nur Ihre Kassette gehört und den Einladungszettel gesehen, aber heute habe ich Sie persönlich kennengelernt und weiß jetzt, daß alles stimmt. Sie sind für mich ein lebendiger Beweis, daß Jesus Christus lebt und daß das, was er gesagt hat, wahr ist.« Ich freute mich sehr über diese Aussage, denn sie zeigte, daß alles, was ich sagte und tat, auf Jesus hinwies und ihn verherrlichte, nicht mich.

Es schien so, als würde ich überall, wohin ich kam, mit Eheproblemen konfrontiert, zu denen ich Stellung nehmen sollte. Da es sich dabei um ein äußerst heikles Thema handelt, habe ich immer gezögert, zuviel dazu zu sagen. Die Probleme, die im Zusammenhang mit Ehen von ehemaligen moslemischen Frauen, die sich zu Christus bekehrt haben, und ihren moslemischen Ehemännern auftraten, ziehen zwangsläufig die Angehörigen beider Seiten in Mitleidenschaft. Unauflösbar damit verbunden sind die Schwierigkeiten, die sich aus den althergebrachten Sitten und Gebräuchen und den strengen Überlieferungen ergeben.

Ein asiatischer Christ, dessen Sohn mit einer Hindu-Frau verheiratet war, machte sich große Sorgen, weil seine Tochter einen Moslem heiraten wollte. Der Vater wußte aus Erfahrung, daß vorher gegebene Versprechungen längst nicht immer eingehalten werden. Sein Sohn war gezwungen worden, in einem Hindutempel den Gottesdienst zu besuchen, obwohl seine Frau ihm vor der Hochzeit versprochen hatte, er dürfe weiterhin zur Kirche gehen. Der Großvater selber hatte noch nie seine Enkelkinder besuchen dürfen. Natürlich hatte er große Angst davor, daß seiner Tochter das gleiche passieren könnte. Mir gegenüber gestand er sein Versagen ein, seine Kinder strikt als Christen zu erziehen, weshalb er sich jetzt so hilflos vorkam. Er bat mich dringend, mit seiner Tochter zu sprechen und sie auf die Gefahren eines solchen Schrittes hinzuweisen. Sein eigener Glaube schien vor einer Zerreißprobe zu stehen, und ich versprach ihm, mit Rena zu sprechen.

Sie erklärte mir ihre Situation wie folgt: »Ich habe Nazim sehr lieb, und wir wollen heiraten. Er studiert hier in Kanada, besitzt aber keine permanente Aufenthaltsgenehmigung. Er hat mir versprochen, daß ich Christ bleiben kann, auch wenn wir verheiratet sind, und daß ich auch unsere Kinder christlich erziehen darf. Mein Vater hat also gar keinen Grund, sich Sorgen zu machen.«

Ich konnte gut mit ihr mitfühlen. Es war bestimmt nicht leicht für ein junges Mädchen wie sie, in einer solchen Zwickmühle zu stecken. Trotzdem versuchte ich sie mit aller Deutlichkeit darauf hinzuweisen, daß sie sich diesen schwerwiegenden Schritt nochmals genau überlegen solle. Ich schnitt einige Dinge an, die passieren konnten. »Deine moslemischen Schwiegereltern werden dich vielleicht nicht als ein Glied der Familie akzeptieren, wenn du nicht wie ein Moslem lebst«, sagte ich warnend. »Deine Kinder werden hin- und hergerissen sein zwischen euren beiden Religionen. Selbst wenn du im Herzen Christ bleibst, wirst du deinen Glauben nicht offen praktizieren und mit anderen darüber reden können. Du mußt ihn heimlich pflegen. Und das größte Problem ist natürlich, daß dein zukünftiger Mann vielleicht noch eine zweite Frau dazunehmen will.« Zu guter Letzt stellte ich ihr eine unliebsame Frage: »Meinst du nicht, daß dein Freund dich vielleicht nur deshalb heiraten will, um ein permanentes Aufenthaltsrecht in Kanada zu bekommen? Du bist noch so jung. Weshalb willst du eine Heirat überstürzen? Bitte Jesus, dir zu helfen, daß du die richtige Entscheidung triffst!«

Während ich mit ihr sprach, saß Rena zu meinen Füßen und blickte mich unverwandt an. Sie versuchte nicht, mit mir zu argumentieren, sondern sagte nur: »Ich werde über alles nachdenken, was Sie mir gesagt haben. Das verspreche ich Ihnen.« Zum Abschied betete ich mit ihr. Später erfuhr ich, daß sie sich entschieden hatte, das Verhältnis mit ihrem moslemischen Freund zu beenden. Ihr Vater war außer sich vor Freude. »Gott sei Dank, daß sie begriffen hat, welchen Gefahren sie sich

120

ausgesetzt hätte, wenn sie auf dem eingeschlagenen Weg weitergegangen wäre!« rief er aus, als er mich sah.

Noch eine wunderbare Gelegenheit, für Jesus Zeugnis abzulegen, bot sich mir in Toronto. Wir waren bei einer Christin mit Namen Grace untergebracht. Ihr Vater war bei einem lokalen Rundfunksender beschäftigt, und es gelang ihm, ein Interview mit mir zu arrangieren. Somit konnten viele Menschen mit meiner Botschaft erreicht werden, die mich nicht persönlich in den Versammlungen gehört hatten. Das Spektrum meines Dienstes hatte sich tatsächlich sehr erweitert seit der Zeit in Pakistan. Damals hatte ich gemeint, wenn ich kreuz und quer durchs Land reise, so sei das schon beachtlich! Jetzt waren Rundfunk, Fernsehen sowie das geplante Buch dazugekommen – eine Bandbreite des Dienstes, die meine kühnsten Erwartungen übertraf.

Ein an sich unbedeutendes Ereignis diente mit dazu, mich an jene längst vergangenen Tage zu erinnern. Susan und auch mir fiel es schwer, uns beim Reisen mit viel Gepäck abzuschleppen, deshalb nahmen wir immer nur das Nötigste mit. Eines Tages verschüttete ich etwas Soße auf meinen Shalwar Kameeze, und weil ich ihn am gleichen Tag noch brauchte, mußte ich meinen Schlafanzug anziehen, während Susan den Flecken entfernte. Als sie diesen Liebesdienst für mich verrichtete, wandte sie sich an Grace und sagte lächelnd: »Siehst du, das gehört alles mit zu meinem Dienst.« Lachend erwiderte Grace: »Genau das gleiche habe ich auch gemacht, als ich bei meiner Schwester Rachel in Rawalpindi war und Gulshan bei uns wohnte. Drei Jahre lang hat sie mit in unserem Haus gelebt.« Grace und ihre Familie waren bekehrte Sikhs. Ihr Schwager ist Prediger in der Brüdergemeinde. Als sie jetzt von meinem Aufenthalt bei ihnen sprach, wurde ich unwillkürlich an meine Schwester Anis Bibi erinnert.

Es war früh am Morgen des 14. März 1977. Mein Neffe Khalid kam angefahren und sagte: »Tante Gulshan, deine Schwester ruft dich.« Ich spürte sofort, daß etwas nicht stimmte, und nachdem ich Rachel und Grace mitgeteilt hatte, daß ich Anis Bibi besuchen müsse, fuhr ich mit meinem Neffen los.

Im Haus meiner Schwester angekommen, ging ich sofort in ihr Zimmer und stellte zu meinem Schrecken fest, daß sie im Sterben lag. Sie schlug die Augen auf und sah mich an. »Gulshan«, bat sie, »bete für mich! Siehst du, Jesus ist hier und sagt:

›Komm mit mir, deine Zeit ist abgelaufen.‹« »Nein«, protestierte ich, »du bist meine Schwester und meine beste Freundin. Du darfst nicht fortgehen. Sonst bin ich ganz allein. Bitte, verlaß mich nicht!«

Meine Gedanken drehten sich nur um mich selber. Ich wußte, daß, wenn sie starb, der einzige Freund unter meinen Angehörigen von mir gehen würde. Dieser Gedanke war mir unerträglich. Aber Anis Bibi sprach weiter: »Siehst du, Jesus steht vor mir. Ich bin glücklich, mit ihm gehen zu dürfen. Viel lieber will ich jetzt sterben, als noch länger zu leben und ihm vielleicht nicht treu bleiben zu können.« Das waren seltsame Worte, die ich nicht sofort verstand. Dann brachte sie ihre letzte Bitte vor: »Bitte, Gulshan, würdest du mich baden, wenn ich gestorben bin?« Statt einer Antwort legte ich meine Hände auf ihren Kopf und betete: »Herr Jesus Christus, Anis Bibi ist dein Kind. Sei du ihr gnädig. Ich weiß, daß sie zu dir geht, wenn sie stirbt. Dein Wille geschehe!«

Als ich die Augen wieder öffnete, war Anis tot. Ich war untröstlich. Meine Schwester war noch so jung und schien immer gesund gewesen zu sein. Ich konnte den Gedanken nicht ertragen, sie nicht mehr bei mir haben zu dürfen. Mein Verstand sagte mir zwar, daß der Wille Jesu richtig war und ich sie eines Tages wiedersehen würde, aber mein Herz war auf diesen großen Schmerz nicht vorbereitet.

Es war 10 Uhr vormittags, als Anis Bibi starb. Um 16 Uhr badete ich sie gemäß ihrem Wunsch. Bei diesem Bad handelte es sich um eine rituelle Waschung der Vorderseite des Körpers, die mit zu den Beerdigungsriten gehörte. Am gleichen Abend wurde meine Schwester beigesetzt. Ich versuchte, meinen Schwager und seine beiden Töchter zu trösten, indem ich mit ihnen über die Auferstehungshoffnung sprach, aber er und alle seine Verwandten waren Moslems, die nichts mit einer solchen Hoffnung anzufangen wußten. Die Mädchen baten mich, bei ihnen zu bleiben, aber das war wegen der vielen mir feindlich gesinnten Familienmitglieder zu gefährlich. Mit traurigem Herzen kehrte ich nach Rawalpindi zurück.

An jenem Abend sagte ich zu Jesus: »Herr, du scheinst überhaupt nicht an mich gedacht zu haben, als du meine Schwester weggenommen hast. Ich weiß, daß du mich liebhast und auch meine Schwester liebhattest. Aber weshalb war ihr Leben nur so kurz? Du selbst hast sie doch vor fünf Jahren vom Tod auferweckt. Warum hast du sie lebendig gemacht, nur um sie so bald wieder fortzunehmen? Was ist das für eine Liebe, die du angeblich zu mir hast, wenn du einen derartigen Kummer zuläßt? Soll ich denn mein Leben lang nur leiden? Ich spreche nicht mehr mit dir!«

So groß war mein Schmerz, daß ich es wagte, so mit meinem Herrn zu reden! Eigentlich hätte er mir jetzt böse sein und mich bestrafen müssen. Aber unser Gott ist ein Gott der Liebe. Wie tief diese Liebe ist, sollte ich bald genug erfahren.

Eine ganze Woche lang betete ich tatsächlich nicht mehr – als könne ich Jesus dafür bestrafen, daß er mir meine Schwester genommen hatte. Ich las zwar in der Bibel, aß aber die ganze Zeit nichts und trank lediglich Wasser oder Tee. Die Familie, bei der ich wohnte, war sehr besorgt, um nicht zu sagen alarmiert über mein Verhalten. »Bitte, Gulshan, iß etwas!« beschworen sie mich. »Sonst wirst du uns noch krank. Du kannst nicht so weitermachen!« Sogar die Kinder bestürmten mich, wieder zu einem normalen Leben zurückzukehren. Aber der Schmerz in meinem Herzen war zu groß. Ich hatte überhaupt keinen Appetit.

Ich hatte es mir angewöhnt, auf einer Matratze auf dem Fußboden des Raumes zu schlafen, in dem Elizabeths Mann normalerweise die Gottesdienste abhielt. (Sie hatten zu der Zeit keinen eigenen Versammlungssaal.) Vorher hatte ich mit den Mädchen in einem Zimmer geschlafen, aber nach Anis Bibis Tod schlief ich hier, um die Kinder nicht zu stören. Der Boden war mit Teppichen belegt, und ich fühlte mich recht wohl darin. Das Alleinsein machte es mir leichter, mit meinem Schmerz fertig zu werden und in Ruhe meine Bibel zu lesen.

Gegen Ende der Woche wachte ich wie gewohnt um 3 Uhr morgens auf. Ich mußte an meine beiden Nichten denken und überlegte, wie ihr Leben wohl in Zukunft verlaufen würde, wenn sie mit einer Stiefmutter zurechtkommen mußten. Es war anzunehmen, daß mein Schwager sich wieder verheiraten würde. Ich setzte mich auf meiner Matratze auf. Vor mir sah ich die Zimmerwand. Die Tür war nur angelehnt, und schwaches Mondlicht drang durch den Spalt herein. Plötzlich wurde das Zimmer von einem strahlenden Licht erhellt. Ich war überrascht und wollte die Sache gerade näher untersuchen, als ich auf einmal das Gesicht Jesu und das meiner Schwester vor mir sah. Sie lächelte. Eine geraume Weile sprach niemand ein Wort.

Dann wurde die Stille durch die Stimme Jesu unterbrochen: »Siehst du nun, warum ich sie genommen habe? Hier bei mir ist sie glücklich. Willst du wissen, weshalb ich sie sterben ließ? Hier, schau!«

Bei diesen Worten drehte er meine Schwester herum, und zu meinem Entsetzen sah ich, daß ihr ganzer Rücken übersät war mit roten Striemen, die aussahen wie Brandwunden. Jesus sagte zu mir: »So hat ihr Mann sie jeden Tag geschlagen, wenn sie zu mir gebetet hat.« Augenblicklich fiel mir Anis' letzter Wunsch ein: »Würdest du mich bitte baden, wenn ich tot bin?« Wie Schuppen fiel es mir von den Augen. Meine Schwester hatte nicht gewollt, daß ein anderer sehen sollte, wie grausam ihr Mann sie behandelt und wie er sie gehaßt hatte, weil sie Christ geworden war und zu Jesus betete. Sie hatte seinen guten Ruf noch über ihren Tod hinaus erhalten wollen. Das war echte Treue!

Wieder sprach Jesus zu mir: »Deine Schwester ist glücklich, aber du? Weshalb bist du so unglücklich, ja, böse auf mich? Ich konnte ihren Schmerz nicht mehr länger mit ansehen. Wäre es dir lieber gewesen, sie weiterhin leiden zu sehen?«

Ich war sprachlos und brachte kein Wort der Erwiderung heraus. Was hätte ich auch sagen sollen? Hier hatte ich einen Blick in die Tiefe der Liebe Jesu tun dürfen, der mich überwältigte und mit Staunen und Ehrfurcht erfüllte. Seine Liebe war so groß, so gewaltig und unergründlich. Wie hatte ich je daran zweifeln können? Inmitten von Leid und Schmerzen war er immer da, um zu trösten und zu helfen. Über den Mut meiner Schwester konnte ich nur staunen. Sie hatte ihren Kummer ganz allein getragen. Keinem Menschen hatte sie etwas davon gesagt, nicht einmal mir. Jetzt war sie im Himmel, wo es kein Leid und keinen Schmerz mehr gab. Auch die Wundnarben taten ihr nicht mehr weh. Sie war glücklich. Das war alles, was zählte. Etwas Besseres konnte ich ihr nicht wünschen. Die Last meines Kummers fiel von mir ab, mein Geist und Sinn wurden erneuert, und ich fing an, den Herrn zu preisen, tief beschämt darüber, daß ich überhaupt an seiner Liebe gezweifelt hatte, die so groß und unendlich war, daß ich sie nicht begreifen konnte.

Susan und ich flogen am 23. September von Kanada zurück nach England.

Kapitel 12

Dunkle Wolken

Der Vertrag für mein Buch wurde im September 1983 nach meiner Rückkehr aus Kanada unterzeichnet. Am 4. Oktober begann ich mit Thelma Sangster an *The Torn Veil* (»Der Schleier zerriß«) zu arbeiten. Noble Din, bei dessen Eltern wir wohnten, war mein Übersetzer. Jeden Morgen holte er Thelma vom Bahnhof ab und brachte sie abends wieder hin. Vierzehn Tage lang gingen wir meine Erlebnisse systematisch und in allen Einzelheiten durch. Es war viel Arbeit damit verbunden, aber es lohnte sich. Außerdem war es für mich eine willkommene Unterbrechung in meinem anstrengenden Reisedienst. Während der nächsten fünf Monate traf ich mich von Zeit zu Zeit wieder mit Thelma, um ihr zusätzliche Informationen zu geben und durchzulesen, was sie geschrieben hatte. Während sich so meine Lebensgeschichte Schritt für Schritt vor meinen Augen entfaltete, konnte ich nur darüber staunen, wie wunderbar Gott, mein Vater, alles gelenkt hatte. Ende Februar 1984 war das Manuskript fertig und konnte dem Verlag zugesandt werden. Wir verspürten alle ein Gefühl der Erleichterung und gleichzeitig eine tiefe innere Befriedigung, als wir es dem Herrn im Gebet anbefahlen und ihn baten, seinen Namen dadurch zu verherrlichen.

Obwohl die Fertigstellung meines Buches so etwas wie einen Höhepunkt in meinem Dienst darstellte, hörte ich doch nicht auf, kreuz und quer durchs Land zu reisen und weiterhin persönlich für Jesus Christus Zeugnis abzulegen. Es gab immer wieder Menschen, die, wie der Apostel Thomas, sagten: »Wenn ich nicht in seinen Händen das Mal der Nägel sehe und meine Finger in das Mal der Nägel lege und meine Hand in seine Seite, so werde ich *nicht* glauben.« Acht Tage später, als Jesus wieder trotz verschlossener Türen plötzlich vor den Jüngern stand, forderte er Thomas auf: »Reiche deinen Finger her und sieh

126

meine Hände, und reiche deine Hand her und lege sie in meine Seite, und sei nicht ungläubig, sondern gläubig.« Darauf antwortete Thomas: »Mein Herr und mein Gott!«

Gleichermaßen war ich der Ansicht, daß mein Körper, den die Hand Jesu angerührt und geheilt hatte, ein lebendiger Beweis für seine Heilungskraft war und zeigte, daß seine Botschaft von Gott wahr war. Die Menschen, die im 1. Jahrhundert die Werke sahen, die Jesus tat, glaubten, daß er der Sohn des lebendigen Gottes war. Ich konnte nur hoffen, daß andere durch den Anblick meines geheilten Körpers ebenfalls zu der gleichen Überzeugung gelangten. Aus diesem Grund nahm ich so viele Einladungen an wie nur möglich.

Susan und ich wurden von einer englischen Familie nach Leicester eingeladen. Herr Wilson zeigte uns ein wenig die Stadt, was Susan ganz besonders freute, da sie einige Einkäufe dabei erledigen konnte. Sie wollte die Frau unseres Pastors nämlich mit ein paar Schmuckstücken überraschen. Wir waren erstaunt über die vielen indischen Geschäfte, die es in Leicester gab.

Herr Wilson hatte dafür gesorgt, daß ich zu einer Gruppe sprechen konnte, die aus Christen und Nichtchristen bestand. Unter ihnen befand sich eine Mutter mit ihren beiden Töchtern. Die Mutter war Engländerin, aber mit einem Moslem verheiratet. Nach der Versammlung luden sie mich in ihr Haus ein, damit ich den Vater kennenlernen konnte, der krank zu Bett lag. Er gehörte zu denen, die glauben, daß das Christentum nur etwas für Europäer ist.

Als ich diesem Mann vorgestellt wurde, sagte er als erstes: »Bevor Sie irgend etwas sagen, möchte ich folgendes klarstellen: Ich will nicht, daß Sie Ihre Bibel aufschlagen. Ich werde auch den Koran nicht zur Hand nehmen. Erzählen Sie mir einfach, was Sie erlebt haben. Ich möchte nichts davon hören, was in den heiligen Büchern steht. Öffnen Sie mir statt dessen Ihr Lebensbuch.« Genau das tat ich dann auch. Ich erzählte ihm, wie es dazu gekommen war, daß ich Christ wurde, wie Jesus mir erschienen war und mich auf die Stellen im Koran hingewiesen hatte, die von ihm handelten.

Als ich meinen Bericht beendet hatte, sagte dieser Mann: »Das sind alles Dinge, nach denen ich mich immer gesehnt habe.

Ich bin ja so froh, daß Sie in mein Haus gekommen sind und mir Ihre Geschichte erzählt haben. Nur Jesus kann in die Häuser von Menschen kommen und sie erretten.« Daraufhin schlug ich die Bibel auf und sprach mit ihm über Jesus.

»Jesus liebt Sie«, sagte ich, »deshalb bin ich hier. Er fordert Sie auf, noch heute zu ihm zu kommen. Er will Sie retten und Ihnen ewiges Leben schenken. Nun liegt es an Ihnen, ob Sie auf seine Stimme hören und an Jesus glauben wollen. Wenn Sie Ihr Herz ihm ausliefern, wird er kommen und Sie gesund machen. Wollen Sie Jesus als Ihren Erlöser annehmen?«

»Ja«, erwiderte er bestimmt, »das will ich. Ich glaube an Jesus, denn er ist zuerst in Ihr Leben gekommen, dort in Pakistan, und durch ihn sind Sie nach England und jetzt sogar in mein Haus gekommen.«

»Jesus hat mich zu Ihnen gesandt«, sagte ich. »Ich tue nichts ohne seine ausdrückliche Genehmigung. Es ist sein Wille, daß ich heute hier bin.«

Nach diesem Gespräch bekannte er Jesus seine Sünden und bat ihn um Vergebung. Als seine Frau und Töchter das erfuhren, waren sie natürlich überglücklich. Ehe ich fortging, betete ich für ihn.

Ich hatte, seit ich in England war und begonnen hatte, für Jesus Zeugnis abzulegen, nur sehr wenig Widerstand oder gar offene Feindschaft erlebt. Doch leider sollte sich das bald ändern. Der Teufel war gewillt, mir Schwierigkeiten zu bereiten. Es wäre ja auch erstaunlich gewesen, wenn er nichts getan hätte, um den immer breiter werdenden Strom meines Zeugendienstes aufzuhalten, der in Vorträgen, Radio- und Fernsehsendungen und in Kürze in der Buchveröffentlichung bestand.

Immer wieder kam es vor, daß ich auf meinen Reisen gebeten wurde, Streitigkeiten zu schlichten oder zu verschiedenen Fragen Stellung zu beziehen und Rat zu erteilen. Besonders häufig handelte es sich dabei, wie ich bereits erwähnt habe, um Ehe- und Familienprobleme. Ich habe mich nie als Pastor oder Eheberater betrachtet und deshalb immer stark gezögert, mich in solche Dinge hineinziehen zu lassen. Aber in der verhältnismäßig kleinen, abgeschlossenen Gemeinschaft von Asiaten war das nicht immer möglich.

Der Anlaß, der zum Mittelpunkt des Streites wurde, war ein Fall von vermeintlicher Untreue, in den einige Schlüsselpersonen unserer asiatischen Gemeinde verwickelt waren. Zwei Ehepaare hatten große Probleme in ihrer Beziehung, und die eine der beiden Frauen wandte sich in ihrer Not an mich. »Schwester Gulshan«, bat sie mich, »hilf mir bitte! Ich weiß, daß du Jesus liebhast und sein Wort dir über alles geht. Sag mir, was ich tun soll!« Dann erklärte sie mir die Situation aus ihrer Sicht.

Ich gab ihr den Rat, mit ihrer Schwiegermutter zu sprechen und sie zu veranlassen, daß sie ihren Sohn zur Rede stellte. Doch anstatt das zu tun, nahm die Schwiegermutter die Sache selber in die Hand und sprach mit der anderen betroffenen Frau. Deren Mann wiederum wurde wütend und beschuldigte mich, mich in ihr Privatleben eingemischt zu haben. Ich war zutiefst betrübt. Von da an wurde es immer schlimmer. Ich wurde mehr und mehr in die Sache hineingezogen, und jedes Wort, das ich sagte, schien mißverstanden zu werden. Es ließ sich nicht vermeiden, daß die Atmosphäre unter den Gemeindegliedern immer gespannter wurde und es zu Differenzen und Verletzungen kam.

Selbst Bagatellen wurden benutzt und unverhältnismäßig groß aufgebauscht. Die Kultur kann manchmal einen beinahe undurchdringlichen Schleier bilden, der das Licht des Evangeliums abhält. Es braucht ein ganzes Menschenleben, wirklich herauszufinden, welche kulturbedingten Lebensansichten gut sind und zu einem besseren Wandel als Christ beitragen können und welche das neue geistliche Leben schon gleich bei der Geburt ersticken. Da war zum Beispiel ein junges Ehepaar, das sich angewöhnt hatte, sich in der Öffentlichkeit mit Kosenamen anzureden und Zärtlichkeiten auszutauschen. Damit erregten sie sowohl bei ihren Eltern als auch bei den Gemeindegliedern großes Ärgernis, da ein solches Verhalten unter Asiaten als geschmacklos und ungebührlich gilt. Als ich die beiden deswegen zur Rede stellte, waren sie sehr erbost.

Scheidung ist ein weiteres heikles Thema für Inder. Es wird behauptet, daß viele indische Eltern ihre Töchter lieber von ihren Männern mißhandeln oder sogar töten lassen, als zuzugeben, daß diese von zu Hause weglaufen. Manchmal hat es tatsächlich den Anschein, daß der einzige ehrenwerte Weg, aus einer Ehe auszubrechen, per Sarg ist. Deshalb ist es kein Wunder, daß das

Leben in einer westlichen Kultur mit ihrer verhältnismäßig hohen Scheidungsrate zu erheblichen Spannungen in den asiatischen Familien führt, die mit allen Mitteln versuchen, ihren überkommenen Moralvorstellungen treu zu bleiben. Für ehemalige Moslems, Hindus oder Sikhs ist das ganz besonders schwierig. Man gibt dem Christentum die Schuld an der verwässerten Moral, und hier liegt zumindest *ein* Grund für den oftmals äußerst heftigen Widerstand gegen eine Bekehrung zu Christus.

Die ganze Atmosphäre unter den asiatischen Christen in Oxford wurde für mich immer unangenehmer. Doch dann passierten in Pakistan Dinge, die mich schließlich all diesen Problemen enthoben. Ich erhielt einen Brief von Zenith, einer meiner Adoptivtöchter, »Ma-ji«, hieß es darin, »Razias Mann möchte gerne Sheila heiraten. Kannst du deine Zustimmung dazu geben? Auch seiner Familie ist sehr viel daran gelegen.«

In Pakistan kommt so etwas relativ häufig vor. Sheila war ebenfalls Christ, deshalb das große Interesse von seiten seiner Familie. Ich persönlich freute mich über diese Sitte. Ich wußte, daß er ein guter Mann war, der Sheila gewiß glücklich machen würde. Ohne lange zu zögern, schrieb ich zurück, gab meine Zustimmung zu dem geplanten Schritt und traf Vorkehrungen für die Verlobung. Das Hochzeitsdatum wurde festgelegt, und ich buchte einen Hin- und Rückflug nach Pakistan.

Ich hatte den Eindruck, daß mein Zeugendienst für Jesus in England weitergehen sollte, und das trotz der vielen Schwierigkeiten, die einen dunklen Schatten über die Arbeit warfen. Susan und ich fuhren nach Slough, um eine Versammlung in einer anglikanischen Kirche abzuhalten. Die Einladung kam von dem Evangelisten, der veranlaßt hatte, daß ich damals an dem Treffen der Vereinigung christlicher Geschäftsleute in Oxford hatte teilnehmen können. Die Zuhörerschaft in Slough bestand hauptsächlich aus Engländern, es waren aber auch etliche Asiaten darunter, überwiegend Pakistanis.

Einige Mitglieder der Gemeinde hatten eine besondere Gabe, Menschen in ihren Häusern aufzusuchen und sie zu Christus zu führen. Durch ihren Dienst hatte sich u. a. eine Hindufamilie bekehrt, aber die Mutter, die geschieden war, hatte ihren christlichen Glauben bis jetzt für sich behalten. Es fiel ihr schwer, sich offen zu Jesus zu bekennen. Nach dem Vormittagsgottesdienst wurden Susan und ich eingeladen, zwei Frauen aus der Gemeinde zu Dinas Haus zu begleiten. Sie hatte Fieber, und ein Bein schien gelähmt zu sein.

»Glauben Sie an Jesus Christus?« fragte ich sie. »Ja«, erwiderte sie. »Dann öffnen Sie Ihr Herz und liefern Sie sich ihm völlig aus, so wird er Sie gesund machen. Werfen Sie Ihre Last auf Christus, er wird Ihnen Ruhe geben.« Mit diesen und anderen Worten ermunterte ich sie.

Da sie Urdu sprach, konnte ich mich ohne Schwierigkeiten mit ihr verständigen. Sie saß eine Weile still da und sagte dann: »Von ganzem Herzen nehme ich Jesus Christus als meinen Herrn an. Ich lege mein Leben gänzlich in seine Hand. Von jetzt ab will ich in seiner Gegenwart leben.«

Die beiden Frauen, die uns zu Dina mitgenommen hatten, waren vor Freude außer sich. »Wir haben sie schon mehrmals besucht, aber ein solches Bekenntnis haben wir noch nie von ihr gehört«, erklärten sie. Dann neigten wir alle die Köpfe, während ich für Dina betete.

Als wir das Haus verlassen hatten, fragten die beiden mich: »Weshalb haben Sie eigentlich nicht versucht, ihr die Schwachpunkte und Irrtümer ihrer hinduistischen Religion aufzuzeigen?« »Das ist gewöhnlich nicht meine Methode«, gab ich zur Antwort. »Ich versuche, den Menschen Jesus Christus als ihren Erlöser und Gott als den Schöpfer und Vater vorzustellen. Wenn ein Mensch diese grundsätzlichen Wahrheiten versteht und akzeptiert, regelt sich alles andere von selbst.« Das nächste Mal sah ich Dina im Nachmittagsgottesdienst. Ihr Fieber war verschwunden und auch das Bein nicht mehr gelähmt.

Anfang Juli statteten Susan und ich unseren Freunden in Huddersfield einen Besuch ab. Yacubs Vater freute sich besonders, uns zu sehen, drückte aber sein Bedauern aus, als ich ihm erzählte, daß ich England im Lauf des Monats verlassen würde. »Ich bin so froh, daß Sie hierher gekommen sind«, meinte er. »Bevor Sie kamen, waren die Moslems so arrogant und behaupteten immer, der Islam sei dem Christentum weit überlegen. Aber seit sie Ihr Zeugnis gehört haben, sind sie weitaus stiller und bescheidener. Sie argumentieren längst nicht mehr so viel mit uns wie früher. Wir werden Sie vermissen, wenn Sie fort sind.« – Meine Freunde in Huddersfield sind mir während der gesamten Zeit, die ich in England verbracht habe, treu geblieben, wofür ich den Herrn nur loben und preisen kann.

Die Zwistigkeiten in der asiatischen Gemeinde in Oxford wirkten sich noch auf andere Weise negativ aus. Susan erhielt keine Erlaubnis, mich nach Pakistan zu begleiten. Ihre Familie riet ihr davon ab. »Schwester Gulshan wird ja nur ein paar Monate fort sein«, sagten sie. »Du brauchst wirklich nicht mitzufahren. In aller Kürze ist sie wieder zurück.« Es gelang ihnen, Susan zu überzeugen. Allerdings sollte sich herausstellen, daß sie in der Sache selbst unrecht hatten. Aus den »paar Monaten« wurde fast ein ganzes Jahr, und selbst dann schien die Möglichkeit meiner Rückkehr noch in weiter Ferne zu liegen. Doch als wir voneinander Abschied nahmen, geschah es in der Hoffnung, daß wir uns in Kürze wiedersehen würden. Keine von uns beiden ahnte, was auf mich zukommen würde.

Freunde von nah und fern, die um meine finanzielle Situation wußten – ich hatte ja kein regelmäßiges Einkommen –, erwiesen sich in dieser Zeit als sehr großzügig. Sogar aus Kanada trafen Spenden für mich ein, als man von meiner geplanten Reise nach Pakistan und der bevorstehenden Hochzeit gehört hatte. Ich brauchte nicht einmal besonders darauf hinzuweisen, was für eine wichtige Rolle die Mitgift bei indischen Eheschließungen spielt. Allem Anschein nach hatte ich mich doch verkalkuliert, als ich beschloß, drei Töchter zu adoptieren! Ich kenne Familien, die ihr ganzes weiteres Leben in Armut verbringen mußten, nur weil sie ihren Töchtern der Sitte gemäß eine riesige Aussteuer mitgegeben hatten.

Dennoch war es für mich eine aufregende Zeit, und ich freute mich sehr auf die bevorstehende Hochzeit und über die Aussicht, Angehörige und Freunde wiederzusehen. Länger als geplant, war ich in England gewesen, fast zwei Jahre. Während dieser Zeit hatte ich bei jeder Gelegenheit, die sich mir bot, für Jesus Christus Zeugnis abgelegt. Nun stand ich vor der Frage: War meine Arbeit hier zu Ende? Mein Buch würde in Kürze veröffentlicht werden, und die Rückflugkarte sollte sicherstellen, daß ich rechtzeitig zum Erscheinungstermin wieder im Land sein würde. Vielleicht war dies ja der Höhepunkt des Auftrages, den Jesus mir gegeben hatte. Ich wußte es nicht. Ein anderer hatte die Verfügungsgewalt über mein Leben übernommen. Ich hatte es selber nicht mehr in der Hand, sondern Jesus. Tief im Herzen mußte ich mich mit der Möglichkeit vertraut machen, daß mein Dienst in der Form, die er bisher gehabt hatte, zu Ende sein könnte.

Kapitel 13

Wieder in Pakistan

Mit gemischten Gefühlen sah ich dem Abflugtag entgegen. Meine Angehörigen und Freunde in Pakistan hatten immer auf meine Rückkehr gewartet, und ich wußte, daß das Wiedersehen ein freudiges sein würde. Andererseits hatte ich aber auch in England einige sehr liebe Freunde gewonnen, und der Dienst hin und her im Land machte mir Freude. In dieser Beziehung war ich traurig, als der Tag meiner Abreise immer näher rückte.

Beladen mit vielen Geschenken, machte ich mich auf den Weg zum Flughafen. Susan, ihr Vater und ihr Bruder begleiteten mich. Mein Flug ging via Karatschi nach Faisalabad, mit einer Übernachtung in Karatschi. Als ich tags darauf in Faisalabad landete, wurde ich mit einem »großen Bahnhof« empfangen. Meine Schwester Samina war mit ihrem Mann, den fünf Töchtern und drei Söhnen zu meiner Begrüßung gekommen. Selbstverständlich fehlten auch meine Adoptivkinder Sheila, Zenith und Edwin sowie ihr Großvater nicht.

Jeder begrüßte mich mit einem Kuß und einer Blumengirlande. Ich fühlte mich umgeben von Wärme und Herzlichkeit. Eigentlich hatte ich schon fast vergessen, wie es ist, wenn man dermaßen mit Liebe überhäuft wird. Mein leuchtendblauer Shalwar Kameeze mit dem weißen Mantel darüber war in Kürze mit zahlreichen Girlanden aus Ringelblumen bedeckt, deren starker Duft meine Sinne benebelte.

Draußen auf dem Parkplatz warteten ein PKW und ein Jeep auf mich. Wir fuhren alle gemeinsam zu meinem großen Bungalow, den ich mit Hilfe meiner christlichen Freunde erworben hatte. Wie erstaunt war ich, bei meiner Ankunft alle meine moslemischen Nachbarn vor ihrer Tür stehen zu sehen, um mich willkommen zu heißen. Das war eine Freude! Sie versicherten mir, wie sehr sie mich vermißt hätten, und daß sie Gott dankbar seien für meine gute Rückkehr.

Meine Schwester und ihre Familie blieben zwei Tage bei mir. Es gab ja so unendlich viel zu erzählen. Die Kinder berichteten von ihren kleineren und größeren Unternehmungen und von ihren Erlebnissen in Schule bzw. Beruf. Ich freute mich, endlich wieder gründlich auf dem laufenden zu sein, und genoß jede noch so kleine Neuigkeit über die Familie. Obwohl in sich selbst eher unbedeutend, sind es doch gerade diese kleinen, alltäglichen Dinge, die das Familienleben so einmalig, spannend und interessant machen.

Wir legten das genaue Datum für Sheilas Hochzeit auf September fest. Als meine Schwester mit Familie abgereist war, stürzte ich mich samt meinen Töchtern mit Feuereifer in die Hochzeitsvorbereitungen. Eine Hochzeit ist bekanntlich ein freudiger Anlaß. Wir kauften Möbel, Geschirr, Besteck und sonstige Haushaltsgegenstände ein, die Sheila sich wünschte. »Wie sehr hätte Susan diese Einkaufstouren genossen«, dachte ich etwas wehmütig. Die Aussteuer war zwar nicht so groß, wie ich es gern gehabt hätte, aber Sheila wußte über meine finanzielle Situation Bescheid und zeigte großes Verständnis. Für sie war es wichtig, daß ich wieder zu Hause war und wir alles gemeinsam vorbereiten konnten.

Eine Woche vor der Hochzeit mußte ich zu einer Versammlung nach Faisalabad fahren. Unsere moslemischen Nachbarn hatten einen Untermieter bei sich wohnen mit Namen Ghulam Abdul. Kurz bevor wir losfuhren, kam er aufgeregt zu uns herüber. »Gulshan«, rief er, »könntest du mir bitte dein Wohnzimmer für eine Nacht ausleihen? Ich bekomme gleich Besuch, und bei mir drüben habe ich keinen Platz zum Übernachten.« Manch einem mag diese Bitte seltsam erscheinen, aber in Pakistan ist so etwas nichts Ungewöhnliches. So wie das Haus gebaut war – mit einem separaten Eingang von der Straße ins Wohnzimmer –, konnte ich ihm ohne weiteres den Schlüssel für dieses Zimmer geben und alle anderen Türen von innen abschließen.

Ich nahm Zenith beiseite. »Kann man ihm vertrauen?« fragte ich sie. »Was meinst du, soll ich ihm den Schlüssel geben? Und was ist mit dir? Wo wirst du schlafen?« Einerseits wollte ich Ghulams Bitte nicht abschlagen, andererseits war ich aber nicht gerade glücklich über den Gedanken, den Schlüssel aus der Hand zu geben.

»O ja, das ist schon in Ordnung. Er ist ein guter Mann. Ich kann für eine Nacht im Schwesternhaus schlafen«, beruhigte mich Zenith, und ich gab Ghulam den Schlüssel. Er bedankte sich meiner Meinung nach ein wenig zu überschwenglich. Dann machte ich mich mit Sheila und Edwin auf den Weg nach Faisalabad. Nachdem wir dort alles erledigt hatten, kehrten wir am folgenden Tag nach Hause zurück.

Doch was für ein Schock erwartete uns dort! Als wir die Haustür aufschließen wollten, mußten wir feststellen, daß sie von innen versiegelt war. Dann kam Ghulam aus einer der Seitentüren heraus. Ohne das geringste Anzeichen von Verlegenheit sah er mir direkt in die Augen und sagte: »Dies ist mein Haus, nicht deins!«

Entsetzt und verwirrt starrte ich ihn an. Das war ja wohl nicht möglich! So etwas konnte er mir doch nicht antun! Gutherzig, wie ich war, hatte ich ihm gestattet, mein Wohnzimmer zu benutzen, um seine Gäste unterzubringen. Blitzartig ging mir auf, daß es wahrscheinlich gar keine Gäste waren, sondern seine eigene Familie. Er hatte sie kommen lassen und einfach mein Haus beschlagnahmt.

Was tun? Hilfesuchend wandte ich mich an meine Nachbarn. Als erstes ging ich zu der katholischen Familie, die nicht weit von uns entfernt wohnte. Sie wußten ja genau, daß es mein Haus war und daß meine Kinder in den vergangenen fünf Jahren dort gewohnt hatten. Ich flehte sie an: »Würden Sie bitte mitkommen und mir helfen, diesen Mann aus meinem Haus hinauszubekommen?« Doch zu meinem größten Erstaunen reagierten sie vollkommen gleichgültig. Sie wollten ganz einfach nicht in die Sache hineingezogen werden. Wortlos drehten sie sich um und gingen ins Haus zurück.

»Wir müssen zur Polizei gehen«, drängten Sheila und Edwin. Aber ich zögerte. Ich glaubte immer noch, Ghulam zu Verstand bringen zu können. Kein Mensch dringt einfach in das Haus eines anderen ein und beschlagnahmt es. So etwas gibt es gar nicht! Aber ich hatte mich geirrt. Man konnte absolut nicht vernünftig mit ihm reden. Er beharrte darauf, daß es sein Haus sei. Als Busfahrer durfte Ghulam nach dem Gesetz einen Revolver besitzen, um sich zu verteidigen. Als er mich schließlich sogar mit der Waffe bedrohte, blieb mir nichts anderes übrig, als zur Polizei zu gehen. Dort aber wartete der nächste Schock auf mich.

Der Polizeibeamte, dem ich meine Geschichte erzählte, zeigte keinerlei Mitgefühl. »Das nächste Mal, wenn Sie jemand Ihren Haustürschlüssel geben wollen«, fuhr er mich an, »geben Sie ihn mir! Ich werde schon darauf aufpassen!« Trotzdem schickte er einen Polizisten los, um Ghulam zu holen. Dieser schien die Sache von langer Hand vorbereitet zu haben, denn er legte etliche offizielle Dokumente vor, die ihn als Eigentümer des Hauses auswiesen. Sie waren offensichtlich gefälscht, aber ich hatte keine Möglichkeit, das zu beweisen.

Der Beamte fragte mich: »Haben Sie jemand, der bestätigen kann, daß das Haus rechtmäßig Ihnen gehört?« Aus der Frage war zu entnehmen, daß ich auch ihn erst von dieser Tatsache überzeugen mußte. Ich dachte an meine anderen Nachbarn, die mich bei meiner Rückkehr so freundlich begrüßt hatten. »Jawohl, meine Nachbarn können das bestätigen«, erwiderte ich zuversichtlich.

Doch auch hier hatte ich mich wieder gewaltig getäuscht. Der Haß der Moslems gegen mich saß tiefer, als ich gedacht hatte. Sie unterstützten den Eindringling bei seiner Behauptung. Ihre Willkommensworte waren nur eine Farce gewesen.

»Ist das alles vielleicht nur ein böser Traum?« fragte ich mich, »oder ist es Wirklichkeit? Muß ich zum zweiten Mal alles verlieren? War es nicht schon schwer genug zu ertragen, als meine Angehörigen mich damals enteigneten?« Aber es war kein böser Traum, sondern bittere Wirklichkeit. Zum zweiten Mal war ich auf dieser Erde heimatlos geworden. Ich mußte an den Sohn Gottes denken, der während seines Erdenlebens auch oft nicht gewußt hatte, wohin er sein Haupt legen sollte.

Aber diesmal war nicht nur ich, sondern auch meine Kinder heimatlos. Das war das Schlimmste an der ganzen Sache. Die Situation schien hoffnungslos zu sein. Was konnte ich bloß tun? Der Polizeibeamte sagte zu mir: »Wem soll ich denn nun glauben? Ich habe hier zwei verschiedene Urkunden vorliegen. Die einen weisen Sie als Eigentümer aus, die anderen Ghulam. Wem soll ich glauben?« Mir war klar, daß ich eine andere Möglichkeit finden mußte, um mein Eigentum zurückzubekommen. Mein jüngerer Bruder war Rechtsanwalt. Aber ob er mir helfen würde?

Ich bezweifelte es. Wenn ich zum Islam zurückkehren würde, dann, ja dann würde er mir ohne Zögern helfen. Doch das kam für mich überhaupt nicht in Frage.

Edwin, Sheila und ich fanden vorübergehend bei Freunden Unterschlupf. Doch dieses Ereignis hatte schlimmere Folgen, als ich mir vorgestellt hatte. Zwei Tage später erlitt ich einen Schlaganfall und war eine ganze Woche lang bewußtlos. Als ich wieder zu mir kam, befand ich mich im Universitätskrankenhaus. Dr. Samuel Nawab kam mich zusammen mit seiner Familie besuchen. Der achtjährige Sohn war auch dabei. »Sieh hier, dein Junge«, sagte Dr. Nawab lächelnd.

Ich sah zu Abraham hinüber. Ja, mein Junge! Selbst in meinem kranken Zustand war mein Herz mit Dank gegen Gott erfüllt, wenn ich daran dachte, wie wunderbar er mein Gebet erhört hatte. Abraham war der Sohn, nach dem sich Dr. Nawab und seine Frau immer gesehnt, aber auf den sie nicht mehr zu hoffen gewagt hatten.

Als ich Dr. Nawab kennenlernte, wohnte ich gerade bei James, dem Krankenhausgärtner. Der Arzt hatte bei einem Gespräch mit ihm wie beiläufig erwähnt, daß seine Frau an schwerer Arthritis litt und ihr keine Medikamente helfen konnten. James wußte, daß ich schon oft mit Menschen gebetet hatte und sie gesund geworden waren. Das erzählte er auch Dr. Nawab. Als James ihm dann noch vorschlug, er wolle uns miteinander bekannt machen, freute sich Dr. Nawab sehr, denn er war ein entschiedener Christ, der zusammen mit seiner Familie regelmäßig an den Gottesdiensten in der Methodistenkirche teilnahm.

Dr. Nawab hatte noch eine Schwester, die etwas außerhalb von Faisalabad auf dem Land lebte. Er und seine Frau hatten drei Töchter, hätten aber zu gerne auch einen Sohn als Stammhalter gehabt. Doch damit würde es nun nichts mehr werden, da die Frau Angst vor einer weiteren Schwangerschaft hatte. Sie war Lehrerin und unterrichtete Englisch.

Mir tat der Doktor leid, der schon keinen Bruder und jetzt auch keinen Sohn hatte. Deshalb betete ich, Gott möge den beiden einen kleinen Jungen schenken. Seine Frau war sehr erstaunt, denn sie wollte ja von der ganzen Sache nichts wissen. »Es ist zu gefährlich für mich, noch ein Kind zu bekommen«, protestierte sie. »Ich hätte zwar auch gerne einen Sohn gehabt,

138

aber jetzt nicht mehr!« Ich konnte weder ihre Ängste noch ihre Zweifel teilen. »Frau Nawab«, sagte ich, »ich weiß zwar nicht, wann Sie geheilt werden oder wann Sie Ihren Sohn bekommen, aber ich habe Ihre ganze Situation vor Jesus ausgebreitet. Sie werden es schon merken, wenn das Gebet erhört ist.«

Ein Jahr später wurde sie schwanger und machte sich große Sorgen um sich selbst und das Kind, aber ich beruhigte sie. Im Verlauf der Schwangerschaft wurde es mit der Arthritis immer besser. Abraham wurde 1976 geboren. Seitdem war die Krankheit bei Frau Nawab gänzlich verschwunden, und es hatte sich zwischen der Arztfamilie und mir ein sehr herzliches Verhältnis entwickelt. Der Doktor sagte oft: »Ich habe jetzt zwei Schwestern, eine im Dorf und dich hier.« Er stammte aus einer wohlhabenden Familie und bedachte nicht nur seine Schwester, sondern oft auch mich mit großzügigen Geschenken. Alles, was er aus dem Dorf erhielt, sei es Reis, Zucker oder Zuckermais, teilte er mit mir.

Für mich war es natürlich eine Ehre, als seine Schwester bezeichnet zu werden und seinen Sohn »meinen Jungen« nennen zu dürfen. Schließlich war ich ja nur ein Werkzeug in Gottes Hand gewesen, um ihm diesen Segen zu bringen, aber er bewies seine Dankbarkeit Gott gegenüber, indem er mich mit Freundlichkeiten überhäufte. Als ich nach meinem Schlaganfall im Krankenhaus lag, sorgte Dr. Nawab dafür, daß ich ein Einzelzimmer bekam. Er bezahlte auch alle Kosten für mich. Auf sein Geheiß hin mußten die Krankenschwestern zweimal täglich Übungen mit mir machen. Außerdem überwachte er persönlich meine Behandlung.

Noch einen anderen interessanten Besuch erhielt ich im Krankenhaus, und zwar von meinem ältesten Bruder Safdar Schah. Er hatte zwei Maulvis (islamische Lehrer) mitgebracht. Der Zweck seines Besuches war mir auf Anhieb klar. Safdar Schah hatte mich lieb und machte sich große Sorgen um mich. Aber er liebte auch seine Religion. Nie hatte er die Hoffnung aufgegeben, daß ich eines Tages zum Islam zurückkehren würde. Genau wie einige andere meiner Angehörigen sah er meinen kranken Zustand als ein Zeichen an, daß Jesus mich verlassen hatte. Wenn es je gelingen würde, mich zum Glauben meiner

Väter zurückzubringen, dann jetzt. Nur so war die Anwesenheit der beiden Maulvis zu erklären.

»Bitte, gib den christlichen Glauben auf und komm wieder zum Islam zurück!« bestürmte mich mein Bruder. »Es ist doch sonnenklar, daß Jesus dich verlassen hat. Wir können es nicht ertragen, dich in dieser Verfassung zu sehen. Komm wieder zu uns zurück, dann geben wir dir alles, was du brauchst, und pflegen dich auch.« Ich war von unterschiedlichen Gefühlen hin und her gerissen. Einerseits war aus seinen Worten die tiefe Liebe zu erkennen, die er zu mir hatte, andererseits war ich aber über die Tatsache betrübt, daß er immer noch nicht begriffen hatte, was Jesus Christus mir bedeutete. Ich hatte es hier mit einer Versuchung zu tun, der ich unter allen Umständen widerstehen mußte – ungeachtet der Tatsache, daß es mein eigener Bruder war, der mich versuchte, und trotz meiner großen Schwäche und Hilflosigkeit.

»Lieber Bruder«, begann ich, »ich weiß ja, wie lieb du mich hast. Was du da sagst, zeigt mir deine große Liebe. Aber deine Sorge um meinen Körper ist fehl am Platz. Dieser Leib kommt sowieso nicht in den Himmel. Meine Seele ist lebendig in Jesus Christus. In ihm bin ich geborgen. Deshalb weiß ich auch, daß diese Krankheit gut für mich ist. Wenn ich meinen Glauben an Christus aufgebe, verliere ich das ewige Leben. Doch das ist mir mehr wert als alles andere. Der Islam kann mir kein ewiges Leben geben. Bitte, laß mich zufrieden und mach mich nicht weiter unglücklich. Egal, wie meine Umstände sind – ich will Jesus Christus treu bleiben.«

Wie nicht anders zu erwarten, wurde er sehr ärgerlich. Doch unter seinem Zorn verbarg sich immer noch eine tiefe geschwisterliche Liebe. Als er gegangen war, fand ich unter meinem Kopfkissen 50 000 Rupien vor. Er wußte genau, daß ich das Geld nicht angenommen hätte, deshalb hatte er es einfach unter meinem Kissen versteckt. Jede ärztliche Behandlung ist in Pakistan sehr teuer, und mein Bruder wußte, daß ich kein geregeltes Einkommen besaß. Wie sehr hätte ich mir gewünscht, daß auch er Jesus Christus als seinen Erlöser kennengelernt hätte. Dann hätten wir uns gemeinsam an unserem Glauben erfreuen können, und die besondere Liebe, die Familienmitglieder verbindet, wäre neu entfacht worden. Das war das letzte Mal, daß ich meinen Bruder lebendig sah.

Nach zweiwöchigem Aufenthalt im Krankenhaus kehrte ich zu meinen Freunden in Faisalabad zurück, mußte jedoch weiterhin jeden Tag ins Hospital fahren, um meine Anwendungen zu erhalten. Gerade während dieser schweren Zeit fand Sheilas Hochzeit statt. Arme Sheila! Zuerst hatte sie Vater und Mutter verloren und jetzt noch fast die gesamte Aussteuer! Alle Möbel, die wir zusammen eingekauft hatten, waren fort, auch die Haushaltsgegenstände, das Geschirr und die Geschenke, die ich aus England mitgebracht hatte. Dafür hatte Ghulam gesorgt. Ich war gezwungen, das wenige, was mir persönlich noch geblieben war, zu verkaufen. Nina, meine Freundin aus Kidlington, hatte mir zur Erinnerung einen mit Rubinen und Diamanten besetzten Ring geschenkt. Ich mußte ihn verkaufen, um die Kosten der Hochzeit bestreiten zu können.

Unsere häuslichen Verhältnisse änderten sich völlig. Jetzt, da Sheila verheiratet war und bei ihrem Mann wohnte, beschloß Zenith, ins Schwesternwohnheim zu ziehen. Ich hatte den Eindruck, es wäre für Edwin das Beste, wieder in die Stadt zurückzugehen und seine Lehre als Schweißer zu beenden. Vor seiner Abreise ging er noch einmal in die Straße, in der unser Haus lag, um sich von einem seiner Freunde zu verabschieden. Ghulam sah ihn, ging zur Polizei und gab dort zu Protokoll, Edwin habe ihn seines Lebens bedroht. Die Folge war, daß Edwin ins Gefängnis kam. Ich war entsetzt. Unter allen Umständen mußte ich ihn dort herausholen! Ein einziges Geschenk war mir noch geblieben: eine teure Uhr, die ich von Freunden in Kanada erhalten hatte. Ich verkaufte sie, um Edwin freizubekommen. Kurz darauf reiste er ab. Jetzt war ich ganz allein. Was sollte ich tun?

Mein Neffe Khalid war es schließlich, der mir zu Hilfe kam. Er nahm mich in sein Haus auf und wurde mein Beistand und Beschützer. Wir beide hatten uns schon immer gut verstanden. Kein anderer hätte mich dazu überreden können, ein Motorrad zu besteigen! Khalid kümmerte sich rührend um mich, so als wäre ich seine eigene Mutter. Er tat, was er konnte. Für jemand, der absolut nicht an Hausarbeit gewöhnt ist, war es schon ungewöhnlich, mit welcher Fröhlichkeit er sie jetzt verrichtete.

Es schien ihm nie der Gedanke zu kommen, daß es unter seiner Würde als Moslem war, so etwas für eine Frau zu tun oder überhaupt Frauenarbeit zu verrichten.

Täglich besorgte er mir frische Eier. Er versuchte sogar, Chapattis aus schwarzem Kichererbsenmehl zu backen, das angeblich besonders gut für mich sein sollte. In der Mittagspause kam er immer nach Hause, um mir etwas zu essen zu machen, und abends bereitete er dann ein Abendessen für uns zwei. Jeden Abend beim Heimkommen kam er als erstes in mein Zimmer, um mit besorgter Miene zu fragen: »Tantchen, hast du auch zu Mittag gegessen? Wie fühlst du dich? Hast du Schmerzen?« Seine Sorge ging sogar so weit, daß er jeden Abend vor dem Zubettgehen meine steifen Glieder massierte.

Die Güte Gottes war für mich überwältigend. Er benutzte Khalid, einen Moslem, um mir Trost und Hilfe in der Stunde der Not zuteil werden zu lassen. Khalid hatte ein goldenes Herz. Oft sagte er zu mir: »Tantchen, wenn Jesus mir erscheinen würde, dann würde ich auch Christ werden.« Wie sehr wünschte ich ihm ein solches Erlebnis, damit wir zusammen den Herrn preisen konnten. Doch das mußte ich Jesus überlassen. Obwohl er Moslem war, fand Khalid die Psalmen sehr inspirierend und las regelmäßig darin. Er schien großen Trost daraus zu schöpfen, wußte er doch selbst nur zu gut, was Leid bedeutete. Zwei Frauen hatte er auf tragische Weise verloren.

Wie gern hätte ich ihm seine Last ein wenig erleichtert, aber das war bei meinem Zustand nicht möglich. Ich war ja nicht einmal in der Lage, mir selber das Gesicht zu waschen oder mich anzuziehen. Khalid legte mir immer abends meine Kleider zurecht, die ich am nächsten Morgen anziehen sollte, aber schon diese kleine Arbeit kostete mich die allergrößte Mühe. Er konnte auch keinen Diener anstellen, da man immer Angst haben mußte, bestohlen zu werden. Bei meiner Hilflosigkeit wäre kein Gegenstand im Haus sicher gewesen.

Eines Tages erhielten wir überraschenderweise Besuch. Mein jüngerer Bruder Alim Schah kam mit seiner Frau und seinen sechs Söhnen zu Besuch. Mit kindlicher Unschuld meinten die Jungen: »Tante Gulshan, du siehst gar nicht anders aus als andere Leute. Papa sagt, die Christen wären anders, aber du hast auch zwei Augen und zwei Beine wie alle Menschen.« Ich konnte nur darüber lächeln. Normal zu sein, bedeutete für die Buben, daß man die gleichen körperlichen Merkmale besaß. Offensichtlich hatte ihr Vater sich keine große Mühe gegeben, ihnen zu erklären, was einen Christen ausmacht. Alim bot mir auch nicht seine Hilfe an, um mein Haus wiederzubekommen.

Unsere einzige Hoffnung bestand darin, eine Anzeige in der Zeitung aufzugeben. Innerhalb kürzester Zeit erhielten wir Antwort. Zwei Männer, die sich als Detektive ausgaben, boten uns für 2000 Rupien ihre Hilfe an. Khalid, der gerne als Held dastehen wollte, beschloß, ihnen das Geld zu geben. Vier Monate warteten wir vergeblich auf die Rückkehr der »Detektive«, aber wir sahen sie nie wieder. Später erfuhren wir, daß es sich um Betrüger handelte. Sie hatten sich die Detektivuniformen von einer Filmgesellschaft ausgeliehen. Wir waren wieder einmal übers Ohr gehauen worden. Als Khalids Bruder davon hörte, war er sehr aufgebracht. Er arbeitete als Polizeiinspektor in Karatschi. »Warum habt ihr mich nicht um Hilfe gebeten?« wollte er wissen.

Der Grund war, daß ich ihm nicht noch mehr Probleme hatte bereiten wollen. Er hatte genug durch meine Bekehrung zu Christus zu leiden gehabt. Während ich in England war, hatte er die Tochter eines Mullas geheiratet. Der Mulla wußte nicht, daß ich Christ war. Als ich nach Pakistan zurückkehrte und er von dieser Tatsache erfuhr, sagte er zu meinem Neffen: »Ich möchte nicht, daß du Verbindung mit irgendeinem Christen hast. Du liebst deine Tante, und du liebst auch meine Tochter. Du mußt dich für eine von beiden entscheiden. Welche ist dir lieber?« Mein Neffe hatte erwidert: »Ich kann meine Tante nicht ignorieren. Sie ist wie eine Mutter zu mir. Die Religion kommt erst an zweiter Stelle.« Einige Zeit später wurde er von seiner Frau geschieden. Inzwischen ist er wieder verheiratet, und seine zweite Frau und ich verstehen uns gut. Sie haben zwei Kinder.

Ich danke Gott, daß meine Neffen und Nichten mich immer noch liebhaben und sich um mich kümmern.

Inzwischen rückte das Erscheinungsdatum meines Buches immer näher. Wiederholt trafen Briefe aus England ein, in denen ich gefragt wurde, wann ich wiederkäme. Aber in mir hatte sich etwas verändert. Ich hatte überhaupt keine Lust mehr, nach England zurückzukehren. Ich wollte lieber bei meiner Familie bleiben, zumindest bei denen, die mich nicht ablehnten. Ich wollte hier in Pakistan sterben und unter meinem eigenen Volk begraben werden. Wie gewohnt, ging ich mit dieser Not zu Jesus. Eines Nachmittags, als ich im Haus meines Neffen betete, sprach Jesus zu mir: »Ich werde eine Tür für dich in England öffnen.«

In der Zwischenzeit hatte Susan in Oxford neun Monate lang gebetet und gefastet. Sie war sehr traurig darüber, daß ich nicht zurückkommen wollte, denn ihre Mutter wollte sie mit niemand anders zusammenarbeiten lassen. Immer wieder hatte mich Susan in ihren Briefen angefleht: »Bitte, Gulshan, komm zurück! Sonst ist mein Leben hoffnungslos. Es macht mir nichts aus, daß du krank bist. Ich will dich gerne pflegen.« Alle ihre Gebete waren von dem einen großen Wunsch durchdrungen, daß der Herr mich nach England zurückbringen möge.

Eines Abends war sie in einer Gebetsversammlung, wo sie wie gewohnt ihre Bitte vor den Herrn brachte. Anschließend fragte der Leiter sie: »Susan, hast du heute abend Jesus gebeten, etwas Besonderes für dich zu tun?«

»Ja«, erwiderte Susan, »wie kommst du darauf?« Seine Antwort lautete: »Ich habe Jesus neben dir stehen sehen und gehört, wie er zu dir sagte: ›Meine Tochter, dein Gebet ist erhört.‹ Sag uns doch bitte, was dein Anliegen war.« Doch Susan wollte nicht, sondern sagte nur: »Wenn die Erhörung da ist, erzähle ich es euch.«

Einige Tage später erhielt sie meinen Brief mit der Nachricht, daß Jesus mir die Erlaubnis gegeben habe, nach England zurückzukehren. Ihre Mutter, die anscheinend größeres Vertrauen zum Plan Gottes hatte als die anderen und um die Macht des Gebets wußte, hatte in weiser Voraussicht das Flugticket behalten, das ich nach England zurückgeschickt hatte, weil ich meinte, ich würde nicht wiederkommen. Susans Vater schickte sofort ein Einschreiben los, vergaß aber in seiner Aufregung, das Ticket beizufügen. So mußte er zum zweiten Mal zur Post gehen und einen weiteren Einschreibebrief losschicken. Diesmal versicherte er sich jedoch, daß die Flugkarte wirklich darin war!

Mein Bruder Alim Schah, der von meiner baldigen Abreise gehört hatte, kam mich besuchen. Als er das Ticket auf dem Tisch liegen sah, meinte er: »Du weißt, daß unser Bruder böse auf dich ist, weil du dein Christsein nicht aufgeben willst. Es ist

144

wirklich besser, wenn du nach England zurückgehst. Du wirst bestimmt glücklicher sein, unter Christen leben zu können.« Gleich am nächsten Tag ging er mit meinem Neffen zur pakistanischen Fluggesellschaft, wo sie einen Flug für mich buchten. Ich würde wieder über Karatschi fliegen. Zenith und Edwin, tief betrübt, nahmen in Lahore von mir Abschied. Ich versicherte ihnen, daß ich immer für sie beten würde.

Mein Neffe Khalid und mein Bruder Alim begleiteten mich nach Karatschi. Dort übernachteten wir wieder bei Fredas Familie. Um 4 Uhr am nächsten Morgen machten wir uns auf den Weg zum Flughafen. Es war noch recht kühl, und überall in den Häusern sah man Licht brennen. Doch das Licht in meinem Herzen flackerte nur trübe. Bevor wir uns trennten, sagte Khalid: »Tantchen, ich bin wirklich froh, dich in meinem Haus gehabt zu haben. Ich habe sehr viel von dir gelernt. Bestimmt werde ich sehr einsam sein, wenn du fort bist. Ich habe Gottes Licht durch dich leuchten sehen.« Darauf war mein Bruder an der Reihe. Mit Tränen in den Augen umarmte und küßte er mich. »Werde bald gesund und komm wieder zu uns zurück!« »Wenn es Gottes Wille ist, werde ich kommen«, erwiderte ich. Dann meinte er noch: »Du weißt, Pakistan ist deine Heimat. Hier bist du immer willkommen.« »Meine Heimat«, entgegnete ich, »ist im Himmel.«

Nachdem ich meinen Koffer aufgegeben hatte und durch die Sperre gegangen war, konnten wir uns zwar noch sehen, aber nicht mehr miteinander sprechen. Wir blickten uns nur aus der Ferne an. Wieder saß ich im Rollstuhl. Khalid hatte die Stewardeß gebeten, sich um mich zu kümmern. Erneut war ich vollständig auf die Hilfe anderer Menschen angewiesen. Ich hatte in der vergangenen Nacht sehr wenig geschlafen, da wir bis spät in die Nacht hinein aufgeblieben waren, um uns zu unterhalten. Der Gedanke, meine Freunde und Verwandten verlassen zu müssen, machte mir schwer zu schaffen. Es war ein trauriger Abschied.

Im Flugzeug konnte ich dann die Tränen nicht mehr zurückhalten. Ich fragte mich, ob ich meine Familie je wiedersehen würde. »Herr Jesus«, betete ich leise, »was soll ich bloß in diesem Zustand in England machen? Ich weiß gar nicht, was ich davon halten soll: 1971 hast du mich gesund gemacht und mir ein neues Leben geschenkt. Und jetzt muß ich in einem Rollstuhl nach England fliegen. Ich bin sogar noch hilfloser als auf meiner ersten Reise 1966, denn damals hatte ich wenigstens meine beiden Dienerinnen bei mir, die sich um mich kümmerten. Heute sind nur Fremde da. Und wie wird man mich in England empfangen? Jeder war lieb zu mir, als es mir gut ging und ich gesund war. Das war für sie ein Zeichen deiner wunderbaren Heilungskraft, mit der du mich angerührt hattest. Aber jetzt sitze ich im Rollstuhl. Was werden sie da denken? Werden nicht auch meine christlichen Brüder und Schwestern sagen, du habest mich verlassen? Trotzdem weiß ich, daß es dein Wille ist, deshalb gehe ich zurück.«

Jesus antwortete mir sehr sanft: »Ja, es ist mein Wille. Du bist mein, und ich bin dein.« Getröstet durch diese Worte, schloß ich die Augen. Plötzlich sah ich mich im Geist in den Himmel versetzt. Ich sah mich gesund und ohne jede Behinderung. Es gab keinen Schmerz mehr und kein Leid. Großer Friede erfüllte mein Herz. Ich vergaß ganz, daß ich krank war, und legte mich getrost in die Hand Jesu.

Um 18 Uhr kamen wir in London an. Am Flughafen wurde ich von Susan, ihrem Bruder und Aman Jeet mit großer Liebe und Zartheit begrüßt. Innerhalb von nur einer Woche hatte ich ein Visum für sechs Monate. Bevor ich von Pakistan abgeflogen war, hatte mein Neffe mir noch 40000 Rupien in die Tasche gesteckt. Er befürchtete, ich würde das Geld brauchen, um nach Pakistan zurückzukehren, falls man mich nicht nach England einreisen lassen würde. Doch seine Sorge erwies sich als unbegründet. Jesus sorgte für mich.

Kapitel 14

Das Tränental

Die Vision vom Himmel, die mir im Flugzeug geschenkt worden war, hatte sich mir unauslöschlich eingeprägt. Aber so schön wie der Apostel Johannes hätte ich sie nicht schildern können:

> »Siehe, die Wohnung Gottes ist bei den Menschen, und er wird bei ihnen wohnen, und sie werden sein Volk sein, und Gott selbst wird bei ihnen sein. Und er wird jede Träne von ihren Augen abwischen, und der Tod wird nicht mehr sein, noch Trauer, noch Geschrei, noch Schmerz wird mehr sein: denn das Erste ist vergangen« (Offenbarung 21,3-4).

Bis es soweit ist, müssen wir über diese Erde mit ihren Leidenstälern und den Hügeln der Freude wandern. Mir sind weder Schmerzen noch körperliche Beschwerden in diesem Leben erspart geblieben, aber bei dem allen habe ich immer gewußt, daß Gott mein Vater ist. So konnte ich beten: »Herr, du hast mich erwählt, daß ich in deiner Gegenwart leben soll, und zwar schon in diesem Leben. Was könnte ich mir mehr wünschen? Du hast gesagt, daß ich dein bin und du mein bist. Welch ein unbeschreibliches Vorrecht! Gebrauche mich, so wie ich bin, zu deiner Ehre.«

Ich durfte lernen, daß körperliches Leid und auch Schmerzen mich nicht von Gott trennen können, denn er war und ist »Immanuel« Gott mit uns. Anstatt meine Krankheit zum Hindernis für den Glauben werden zu lassen, stellte ich fest, daß gerade sie das Mittel war, durch das Gott sich verherrlichen konnte. Ich sah im Geist Jesus am Kreuz hängen, wie er dort für die Sünden der ganzen Welt litt und durch sein Leiden Gott verherrlichte. Ebenso war es mir vergönnt, wenn auch in ganz geringem Maß, dem Namen meines Vaters Ehre zu machen. Es war zwecklos zu fragen: »Herr, warum hast du das zugelassen?« Wer war ich, daß ich das Tun des allmächtigen Gottes in Frage stellen konnte?

In den Wochen und Monaten, die vor mir lagen, sollten diese Gedanken mithelfen, meinen Glauben in eine ganz neue Dimension hineinzuführen und tiefere Einsicht in die Wege Gottes zu gewinnen. Als ich an jenem 28. April des Jahres 1985 zum dritten Mal in England landete, waren meine Freunde überglücklich, mich wiederzusehen. Sie betrachteten meine Rückkehr als klare Gebetserhörung vom Herrn. Jede Woche hatten sie sich zum Gebet versammelt und Gott gebeten, mich wieder zu ihnen zurückzubringen. Besonders für Susan war es eine Erleichterung, daß Jesus selber ihr neunmonatiges Fasten beendet hatte. Bei einem der erwähnten Gebetstreffen hatte der Leiter, wie schon im letzten Kapitel beschrieben, Susan gefragt, ob sie ein besonderes Gebetsanliegen vor den Herrn gebracht habe. Sie hatte dies bestätigt, war aber zu schüchtern gewesen, ihm zu sagen, worum es sich handelte. Der Prediger hatte ihr erklärt: »Als wir beteten, sah ich, wie Jesus neben dir stand, seine Hand auf deinen Kopf legte und mit sanfter Stimme sprach: ›Meine Tochter, sei nicht verzagt, ich habe dein Gebet erhört.‹«

Alle begrüßten mich, als sei nichts geschehen, aber ich wußte sehr genau, daß sowohl ihnen als auch mir gewaltige Veränderungen bevorstanden. Ich war ja behindert und saß im Rollstuhl. Sie hatten mich noch nie so gesehen, erhielten aber nun einen Einblick in die Lage, in der ich mich die ersten 19 Jahre meines Lebens befunden hatte. Damals, 1971, hatte der Herr mich geheilt. Wie würde man jetzt auf meine erneute Krankheit reagieren? Das war die große Frage.

In den ersten Tagen nach meiner Rückkehr verbrachte ich den größten Teil der Zeit im Bett. Ich hatte sehr viel Schmerzen in meinem Bein. Susans Mutter, eine ganz liebe Christin, hatte großes Mitleid mit mir und massierte mir jeden Abend, ehe ich schlafen ging, meine steifen Glieder. Und tatsächlich, es dauerte gar nicht lange, bis ich mit den ersten Gehversuchen beginnen konnte. Wir zwei schlossen uns sehr eng aneinander an. Eines Tages sagte ich zu ihr: »Du bist jetzt meine Mutter, die mich pflegen muß.« Bis dahin hatte sie mich mit »Schwester« angeredet. Um so größer war für mich die Ehre, als sie erwiderte: »Und du bist jetzt meine Tochter.«

Diese enge Beziehung sollte jedoch leider nicht von langer Dauer sein. Am Morgen des 8. August 1985 fand man sie tot in ihrem Bett. Ich war natürlich sehr traurig, wenn ich mich auch über die Tatsache freute, daß es solch ein leichter Tod gewesen war. Der Tag vorher war noch ganz normal verlaufen. Wir hatten abends wie gewohnt zusammen gebetet und uns dann bis 2 Uhr morgens unterhalten. Ehe wir auseinandergingen, sagte sie zu mir: »Du wirst mich zwar nicht mehr sehen, aber du hast ja meine Tochter bei dir. Ihr beide werdet zusammen im Werk des Herrn arbeiten. Paß gut auf sie auf, denn du weißt, wie lieb ich sie habe. Sie ist meine einzige Tochter, und ich habe sie leider zu sehr verwöhnt. Versuch bitte, sie zu verstehen.« Am nächsten Morgen lag sie, wie gesagt, tot in ihrem Bett. In aller Stille war sie zu ihrem Herrn gegangen, den sie über alles liebte.

Ihr Tod schlug eine gewaltige Lücke in die Familie. Sie war immer der stabilisierende Faktor gewesen, und jetzt, da dieser fehlte, fingen die Streitigkeiten an. Einer von Susans Brüdern war verheiratet und wohnte nicht weit von seinem Elternhaus entfernt. Da seine Ehe alles andere als glücklich war, hielt er sich sehr oft in seinem früheren Zuhause auf. Doch das gefiel den anderen Brüdern überhaupt nicht, und häufig gab es deswegen Streit. Eines Tages kam Timothy von der Arbeit nach Hause und fand Harry, den Verheirateten, vor. Er war wütend. »Was machst du hier?« fuhr er ihn an. »Du kommst viel zu oft hierher und bleibst außerdem viel zu lange!« Harry erwiderte demütig: »Du weißt genau, weshalb ich hier bin. Meine Frau hat mich rausge-schmissen.« Aber Timothy kannte kein Erbarmen. »Es ist mir vollkommen egal, wie du mit deiner Frau zurechtkommst. Du hast hier jedenfalls nichts zu suchen. Geh nach Hause zu deiner Frau!« Dieser Art waren die Auseinandersetzungen, die ich Tag für Tag mit anhören mußte. An den Wochenenden war es noch schlimmer.

Die Sache kam zum Höhepunkt, als Harrys Zorn sich gegen Susan richtete. Susan bat ihren Vater inständig, ihr zu helfen, aber er schien nicht die nötige Kraft zu haben. Zwar forderte er Harry auf, das Haus zu verlassen, sorgte aber nicht dafür, daß er es auch wirklich tat. Susan war nach einer schweren Operation erst vor wenigen Tagen aus dem Krankenhaus entlassen worden und durfte noch nichts tun, aber das schien Harry nicht zu berühren.

Als er anfing, mich zu beschimpfen, und sogar versuchte, mich aus dem Bett zu zerren, mußte Susan mich energisch verteidigen. Erbost schrie Harry mich an: »Du machst unsere ganze Familie kaputt! Du nimmst uns die Schwester weg! Du alte Pakistanin! Geh zurück nach Pakistan!«

Hilflos, wie ich war, konnte ich weder mir selbst noch Susan helfen. Ihr Vater saß unten vor dem Fernseher, und das Dröhnen des Apparats verschluckte den Tumult, der sich oben im Haus abspielte. In ihrer Verzweiflung schleppte sich Susan schließlich die Treppe hinunter und rief die Polizei an. »Bitte, kommen Sie ganz schnell!« rief sie in den Hörer. Inzwischen zitterte sie am ganzen Leib teils vor Aufregung und Angst, teils vor Schwäche wegen der kürzlichen Operation.

Als die Polizisten kamen, wollten sie natürlich wissen, was passiert war. Inzwischen hatte sich Harry jedoch aus dem Staub gemacht, und alles war wieder ruhig. Trotzdem nahmen die Beamten unsere Informationen zu Protokoll.

Als sie gegangen waren, fühlte ich mich erbärmlich. Was für ein schlechtes Zeugnis vor der Welt! Der Name Jesu wurde durch solche Vorgänge in den Schmutz gezogen. Die Atmosphäre in Susans Haus wurde immer schlechter. Doch auch außerhalb zogen sich mehr und mehr finstere Wolken zusammen. Ich fing an zu begreifen, wovon Jesus gesprochen hat, als er sagte: »Ein Prophet ist nicht ohne Ehre, außer in seinem eigenen Land, seinem eigenen Haus und seinem eigenen Volk.«

Was es bedeutet, in seinem eigenen Land und der eigenen Familie ohne Ehre zu sein, wußte ich ja bereits aus Erfahrung. Aber jetzt sollte ich auch erleben, wie es ist, wenn man unter seinem eigenen Volk – in meinem Fall den Asiaten – nicht anerkannt ist. Die häuslichen Probleme brachen bei einigen Mitgliedern unserer asiatischen Gemeinde von neuem auf, und ohne daß ich es wollte, wurde ich in die Sache hineingezogen und geriet immer tiefer in Schwierigkeiten. Der Same der Zwietracht, der bereits vor meiner Abreise nach Pakistan 1984 gesät worden war, war aufgegangen und sollte bald in voller Blüte stehen.

Einer der Betroffenen sagte wütend zu mir: »Warum setzt du meiner Frau solche Flausen in den Kopf? Kümmere dich gefälligst um deine eigenen Angelegenheiten! Wer gibt dir das Recht, dich in unsere privaten Dinge einzumischen?« Die Bitterkeit im Herzen dieses Mannes sprang auch auf die übrigen unserer Freunde über. Sogar die leitenden Personen fingen, obwohl nach außen hin freundlich, an, mich mit Mißfallen zu betrachten. Dabei war es mein einziges Anliegen, daß der Name Jesu nicht durch unser moralisches Verhalten in Mißkredit geraten möge. Die Bibel diente mir als Richtschnur, und wenn ich jemand einen Rat erteilte, kam er allein aus Gottes Wort. Das Schlimmste für mich war jedoch, daß diejenigen, die anderer Meinung waren als ich, meinen Schlaganfall als eine Strafe von Gott ansahen.

Mein Vater hatte immer große Angst davor gehabt, ich könnte mich »verunreinigen«, wenn ich die Sprache der »Ungläubigen« lernen würde. Doch langsam merkte ich, daß es in einer Kultur mit weniger strengen Sitten besonders schlimme Verunreinigungen geben kann. Für bekehrte Moslems, die es nicht anders kennen, als daß ihr moralisches Verhalten eng mit der Religion verknüpft ist, mag die Gefahr nicht ganz so groß sein. Schlimmer ist es bei den Hindus, die diese enge Verknüpfung nicht kennen.

In einer abgeschlossenen Gemeinschaft wie unserer asiatischen konnte ein unliebsames Ereignis Folgen haben ähnlich den Kreisen, welche ein Stein hervorruft, der ins stille Wasser geworfen wird. Aman Jeet und seine Familie, deren Bekehrung für mich eine solche Freude gewesen war, befand sich plötzlich in einer unvorstellbar schwierigen Situation. Die Nichte seiner Frau, die von ihrem Mann geschieden war, begann ein Verhältnis mit einem Mann, der als Schlüsselfigur unserer Gemeinde galt. Gemäß der indischen Tradition hätten sie wie Bruder und Schwester miteinander umgehen müssen, aber dieses geschwisterliche Verhältnis wurde offenkundig verletzt.

Aman bat mich inständig, mit allen Mitteln zu versuchen, dieser Affäre ein Ende zu bereiten. Als ich seiner Bitte nachkam, zog ich mir jedoch nur den Zorn des jungen Mannes zu. Er befand sich in der Vorbereitung zum geistlichen Dienst, und meiner Ansicht nach war dies ein denkbar schlechter Anfang. Jedoch, wie gesagt, er wurde sehr zornig und reagierte richtig aggressiv. Schließlich heiratete er die betroffene Frau heimlich in Indien. Viele Geschwister der Gemeinde fühlten sich durch dieses Verhalten verletzt. Seine eigene Mutter war gegen die Verbindung gewesen, aber das hatte ihn nur vorübergehend davon abhalten können. Amans Mutter betrachtete die Heirat als ausgesprochene Sünde und hörte auf, die Gemeinde zu besuchen. Unter indischen Christen gilt die Ehe nach wie vor als heilig und unantastbar. Es dauerte lange und brauchte viel Gebet, bis die Herzen der Familienmitglieder wieder zur Ruhe kamen und Heilung erlebten. Inzwischen haben sie sich einer anderen Gemeinde angeschlossen.

Aber der Schaden war nun einmal angerichtet, die asiatische Gemeinde entzweit. Der Vater des jungen Mannes war zwar traurig über die Unstimmigkeiten, hielt es aber trotzdem mit seinem Sohn. Dennoch blieb er mir gegenüber freundlich, und als mein Visum Ende Oktober ablief, stellte er für mich einen Antrag auf permanente Aufenthaltsgenehmigung. Da er wußte, daß etliche unserer Gemeindeglieder dagegen waren, mußte er es sogar heimlich tun. Wir befanden uns alle in einer äußerst schwierigen Situation, die wir nicht einmal persönlich verschuldet hatten. Die Meinungsverschiedenheiten und Zwistigkeiten brachten mich in eine persönliche Krise. Ich sah mich außerstande, Gott inmitten von derart belasteten Beziehungen zu dienen, und beschloß, in Zukunft die asiatische Gemeinde nicht mehr zu besuchen. Natürlich war es mir peinlich, meinen Angehörigen in Pakistan mitzuteilen, was los war. Sie dachten ja nicht anders, als daß ich unter Menschen meines Glaubens und somit glücklich sei. Jedesmal, wenn Besuch aus Pakistan kam und sich nach mir erkundigte, zögerte ich, ihnen zu begegnen. Ich brachte es einfach nicht übers Herz, über die Vorgänge zu reden, weil ich mich so sehr schämte.

Trotzdem gebrauchte der Herr mich auch weiterhin, um seinen Namen zu verherrlichen. Ich fing an, die Gläubigen, die nicht zum Gottesdienst gehen konnten, zu besuchen. Wir hatten gute geistliche Gemeinschaft, die immer enger wurde, je länger wir zusammen Gottes Wort studierten. Auch der Wunsch nach Gebet und Heilung war weiterhin vorhanden. Immer wieder kamen Leute mit ihren Nöten und Problemen zu mir. »Schwester Gulshan, würdest du bitte für … beten?« Mein Zimmer wurde für manchen Geplagten und Angefochtenen zum Zufluchtsort, und der Herr gebrauchte mich, um seinen Kindern Trost und Hilfe zuteil werden zu lassen. Viele wurden dabei gesegnet und von ihren Krankheiten geheilt.

Ich denke besonders an eine liebe Familie, die bis heute zu unseren engsten Freunden zählt. Amir, Shimas sechsjähriger Sohn, wußte bereits um die Macht des Gebets. »Schwester Gulshan«, meinte er treuherzig, »ich hätte so gerne ein Brüderchen. Würdest du bitte beten, daß Gott Mama und Papa einen kleinen Jungen schenkt?« Ich war von seiner kindlichen Bitte gerührt, aber Shima, seine Mutter, wollte keine weiteren Kinder mehr haben. »Wenn ich noch ein Kind bekomme, ist es garantiert ein Mädchen. Mädchen haben es in diesem Leben viel zu schwer, und ihre Mütter nicht minder. Nein, ein Sohn reicht mir.«

Sogar in England, wo die Lebensbedingungen so grundverschieden von denen in Indien sind, sitzt die Furcht vor dem Gedanken, ein Mädchen zur Welt zu bringen, noch sehr tief in den Herzen und Gedanken der Mütter. Besonders die erste Generation der Neueinwanderer empfindet diese Spannung zwischen der alten Kultur, die sie verlassen haben, und der neuen, in die sie sich eingewöhnen müssen, als belastend und quälend.

Ich versuchte, Shima gut zuzureden. »Du brauchst keine Angst zu haben«, versicherte ich ihr. »Ich werde für dich beten. Wenn der Herr mir eine Antwort gibt, lasse ich es dich wissen.« Eine Woche lang betete ich jeden Tag für diese Sache. Eines Nachts konnte ich nicht schlafen, lag nur mit geschlossenen Augen im Bett. Gegen 3 Uhr morgens sah ich plötzlich im Geist ein Bild vor mir. Jesus zeigte mir ein Baby, das in einer Plastiktüte lag. »Diesen Jungen gebe ich Shima«, sagte er zu mir.

Als die Familie am darauffolgenden Sonntag zu Besuch kam, konnte ich es kaum erwarten, Shima die Neuigkeit mitzuteilen. »Du wirst einen Sohn haben. Hab keine Angst, ein Baby zu bekommen. Es wird ein Junge sein.« Kurze Zeit später wurde sie tatsächlich schwanger. Jedesmal, wenn ich für sie betete, sagte ich: »Lieber Vater, bewahre bitte Mutter und Sohn.« Die anderen konnten sich über diese Gebete nur wundern. »Wieso betest du immer für Mutter und Sohn?« wollte Shima wissen. »Wie kannst du so sicher sein, daß es ein Sohn und keine Tochter ist? Ich sehe mich im Traum ständig mit zwei Mädchen.« Sie wußten zwar um meine Überzeugung, hatten aber noch nicht erkannt, daß diese sich auf eine Verheißung Jesu gründete. Und er hält bekanntlich immer sein Wort. Hat er nicht zugesagt, Zeichen und Wunder würden denen folgen, die da glauben?

Natürlich herrschte große Freude, als Shima ihren kleinen Jungen zur Welt brachte. Jeder, der die Familie kennenlernte, mußte sich die Geschichte anhören, wie Imran geboren wurde. Sie ließen sogar eine Anzeige in der Kirchenzeitung drucken.

Leider wurden die Verhältnisse in dem Haus, wo ich wohnte, immer unerträglicher. Streitereien waren an der Tagesordnung. Es war kaum noch auszuhalten. Jeden Tag betete ich: »Herr, du hast gesagt, du würdest mir eine Tür in England öffnen. Ist dies wirklich die versprochene Tür? Du siehst die Probleme, die der Teufel uns bereitet. Wie kann ich weiter an diesem Platz für dich zeugen?« Doch ich erhielt keine Antwort.

1986 hatte Susan bei der Stadtverwaltung einen Antrag auf eine Wohnung in einem stadteigenen Haus mit geringer Miete gestellt, aber ihr Antrag war abgelehnt worden. »Sie sind jung und gesund«, lautete der Bescheid. »Sie können arbeiten gehen und Geld verdienen, um sich selbst ein Haus zu kaufen. Sie haben keinen Anspruch auf eine stadteigene Wohnung. Was wir tun können, ist, Sie auf die Warteliste zu setzen. Wenn Sie die Voraussetzungen erfüllen und immer noch interessiert sind, können wir vielleicht im Jahr 1990 etwas in dieser Hinsicht für Sie tun.« Damit schien sich eine weitere Tür, zumindest vorläufig, geschlossen zu haben.

1988, als die Lage immer unerträglicher wurde, stellte Susan erneut einen Antrag, diesmal für mich. Als behinderte Person hatte ich Anspruch auf eine stadteigene Wohnung. Durch die Schwierigkeiten mit Susans Brüdern hatten wir die Polizei auf unsere Seite gebracht, und bei einem Anruf von der Stadtverwaltung konnten die Beamten genau die Zustände schildern, in denen wir lebten, und uns für eine Wohnung empfehlen. Wieder einmal sollte ich in einer besonders schwierigen Zeit meines Lebens das Bibelwort bestätigt finden:

»Wir wissen, daß denen, die Gott lieben, alle Dinge zum Guten mitwirken, denen, die nach seinem Vorsatz berufen sind« (Römer 8,28).

Eine neue Tür war dabei, sich für uns zu öffnen. Wir konnten nur über die Güte Gottes staunen. Aus einer Reihe von achtzig Wohnungen wählte Frau Kelly, die freundliche Sozialarbeiterin, die für uns abgestellt war, eine Drei-Zimmer-Wohnung aus.

Die Sache ging so vor sich: Susan erhielt eine Aufforderung, sich ein bestimmtes Mehrfamilienhaus anzusehen. Während sie wartete, bemerkte sie, daß die letzte Wohnung leer war. Sie schaute genauer hin, und während Frau Kelly die Schlüssel holen ging, betete sie: »Bitte, Herr, laß es diese Wohnung sein. Sie scheint mir genau richtig.« Wie glücklich war sie, als die Wahl tatsächlich auf diese Wohnung fiel. Es war für uns sehr wichtig, zwei Schlafzimmer zu haben, um Gäste aufnehmen zu können oder auch Menschen, die Gebet und Gemeinschaft brauchten. Auf diese Weise konnte ich meinen Dienst effektiv fortsetzen. Jesus hatte mir genau die richtige Tür geöffnet.

An Versuchen, diese Öffnung zu verhindern, hatte es nicht gefehlt. Jemand rief bei der Stadt an und wollte wissen: »Weshalb geben Sie diesen beiden Frauen eine Wohnung? Gulshan besitzt nicht einmal eine Aufenthaltsgenehmigung.« Jemand anders wollte mit dem Leiter des Wohnungsamtes sprechen, um uns den Weg zu verbauen. »Gulshan lügt«, brachte er vor. »Sie gibt vor, krank zu sein, aber das stimmt nicht. Sie ist reich genug, um sich selbst ein Haus zu kaufen.« Wenn frühere Freunde sich plötzlich so gegen einen wenden, ist das wirklich bitter. Der zuletzt Genannte führte alle erdenklichen Argumente ins Feld, um zu verhindern, daß wir eine eigene Wohnung bekamen.

Es gelang ihm sogar, Susans Familie zu beeinflussen. Ihre Verwandten waren alles andere als glücklich über den Gedanken, daß sie mit in meine Wohnung ziehen wollte. »Die einzige Möglichkeit, um dein Zuhause zu verlassen«, meinten sie ärgerlich, »ist eine Heirat. Keinem Mädchen, das etwas auf sich hält, würde es im Traum einfallen, unter solchen Voraussetzungen von zu Hause auszuziehen. Außerdem ist es deine erste Pflicht, dich um deinen verwitweten Vater zu kümmern. Du bringst unsere ganze Familie in Schande.«

Solche Worte taten uns beiden weh, zumal Susans Mutter sie mir ausdrücklich als Begleiterin gegeben hatte, um mit mir zusammen im Werk des Herrn zu arbeiten. Hatte sie nicht von Gott selber diese Anweisung bekommen? Wie konnte da etwas

Schlechtes daran sein? Die Situation wurde überhaupt völlig falsch dargestellt. Susans Vater war ja gar nicht allein. Er hatte seine Söhne und seine Schwiegertochter, die sich um ihn kümmerten. Wir trösteten uns gegenseitig mit dem Gedanken, daß wir einer größeren Familie als unserer irdischen verpflichtet waren. Hatte Jesus nicht selbst gesagt:

»Wer Vater oder Mutter mehr liebt als mich, ist meiner nicht würdig; und wer Sohn oder Tochter mehr liebt als mich, ist meiner nicht würdig; und wer nicht sein Kreuz aufnimmt und mir nachfolgt, ist meiner nicht würdig. Wer sein Leben findet, wird es verlieren, und wer sein Leben verliert um meinetwillen, wird es finden« (Matthäus 10,37-39).

Diese Worte wurden für uns zur Realität. Wir mußten durch dieses spezielle Leidenstal hindurchgehen, um den Hügel des Glückes als treue Diener des Herrn erklimmen zu können. Seine Treue gab uns die nötige Kraft in unserem Streben, seinen Willen zu tun.

Trotz aller Versuche, dies zu vereiteln, erhielten wir die versprochene Wohnung. Der Leiter des Wohnungsamtes war weit davon entfernt, sich umstimmen zu lassen. Er rief Susan an und forderte sie auf, sobald wie möglich den Wohnungsschlüssel abzuholen. So kam es, daß wir Ende Juli 1988 in unsere eigenen Räumlichkeiten einziehen konnten. Als wir zum ersten Mal den Teppich auf dem Boden sahen, schauten wir uns beide an und mußten lachen. Einmal, als wir im Sprechzimmer des Arztes gesessen hatten, hatte ich zu Susan gesagt: »Wenn wir je eine eigene Wohnung bekommen, möchte ich gerne diesen Teppich haben.« Und genau dieser Teppich lag hier in unserer Wohnung! So geringfügig diese Einzelheit erscheinen mag, ist sie doch ein beredtes Zeichen dafür, wie sehr es dem Herrn gefällt, unsere Wünsche zu berücksichtigen, wenn er uns etwas schenkt. Eine Woche nach unserem Einzug erhielten wir zu unserer Überraschung einen Scheck über 1000 Pfund zur Mithilfe bei der Einrichtung unserer Wohnung. Wahrhaftig, der Herr füllt all unseren Mangel aus. Gepriesen sei sein Name!

Kapitel 15

England, meine neue Heimat

Inzwischen hatten wir uns in unserer Wohnung häuslich eingerichtet und fingen an, unser Leben so zu organisieren, wie wir
uns vom Herrn geleitet fühlten. Dies bedeutete für uns einen
ganz neuen Anfang. Wir hatten aufgehört, die asiatische Gemeinde zu besuchen. Wegen der ihr eigenen Art von Musik und
des besonderen Frömmigkeitsstils fühlten sich etliche ihrer Mitglieder allen anderen Christen überlegen. Sie betrachteten jene,
die sich einer etablierten Gemeinde anschlossen, mit verächtli-
chem Stirnrunzeln. »Dorthin zu gehen«, sagten sie, »ist genau
dasselbe, wie in einen Hindutempel zu gehen. Die Leute sind
alle so lau.«

Susan und ich waren jedoch anderer Ansicht. Für uns erhob
sich die Frage, wohin wir in Zukunft zum Gottesdienst gehen
sollten. »Welche Gemeinde ist es, Herr?« fragten wir, während
wir intensiv seine Leitung für unser Leben suchten. Wir waren
von Herzen bereit, dorthin zu gehen, wohin er uns führte. An den
ersten beiden Sonntagen besuchten wir die St. Aidan's-Kirche
in Oxford. Am dritten Sonntag wollte unser »Mini« nicht an-
springen. (Er hatte die ganze Nacht draußen im Hof gestanden,
weil wir noch keine Garage hatten.) So beschlossen wir, statt
dessen den Abendgottesdienst zu besuchen.

Nach der Versammlung stellten wir uns dem Pastor vor. Er
fragte uns: »Sind Sie schon in der St. Andrew's-Kirche gewesen? Sie liegt näher an Ihrer Wohnung.« Wir verneinten, baten
ihn aber, uns bei Gelegenheit zu besuchen. »Ich fahre morgen in
Urlaub nach Jersey«, erwiderte er, »aber wenn ich zurück bin,
komme ich gerne einmal.«

Früh am nächsten Morgen läutete es an der Haustür. »Wer
kann das wohl sein – um diese Zeit?« fragten wir uns. Susan
ging zur Tür, um nachzusehen. Draußen standen John Samways,
der Vikar von St. Andrew's, und ein junger Mann, den er uns als

Rick vorstellte. »Hat irgend jemand Sie auf uns aufmerksam gemacht?« fragte ich neugierig, da wir nicht mit einem derartigen Besuch gerechnet hatten.

»Nein«, gab er zur Antwort. »Nach unserer heutigen Morgenandacht beschlossen wir, diesen Wohnblock zu besuchen, und baten den Herrn um seine Leitung. Wir klingelten zuerst bei Nr. 1, aber dort war keiner zu Hause. Daraufhin versuchten wir es bei Ihnen und waren freudig überrascht, als Sie uns hereinbaten, obwohl wir uns ja gar nicht kennen. Seit diese Wohnungen vor knapp zwei Jahren gebaut worden sind, haben wir in unserer Gemeinde immer wieder dafür gebetet, daß Christen hier einziehen möchten, mit denen wir Gemeinschaft haben können.« Wir erzählten den beiden Männern ein wenig über uns selbst und erwähnten dabei auch, daß wir schon länger nach einer Gemeinde suchten, in der wir dem Herrn dienen könnten. Noch ehe die Besucher gegangen waren, wußten wir, welcher Gemeinde wir uns anschließen sollten. Der Herr selbst hatte uns den Weg gewiesen.

Innerhalb eines Monats war unsere neue Wohnung zum Mittelpunkt eines Hauskreises geworden. Jeden Mittwochabend versammelt sich jetzt eine Gruppe der St. Andrew's-Kirche bei uns zum Gebet und Bibelstudium. Einige von uns wechseln sich mit der Leitung ab. So hat mir der Herr eine neue Dimension des Dienstes für ihn geöffnet. Unser Leben ist durch die Gemeinschaft mit den Christen von St. Andrew's sehr bereichert worden. Immer wenn ich Hilfe brauche, sei es beim Englischlernen oder beim Erledigen meiner Korrespondenz, die von Tag zu Tag umfangreicher wird, kann ich auf irgendwelche Mitglieder der Gemeinde zurückgreifen.

Auch mein persönlicher Vortragsdienst besteht weiter. Die Bekehrung von Nirmala, einer meiner besten Freundinnen, ist ein gutes Beispiel dafür. Mit Vorliebe erzählt sie ihre Geschichte, die ich im folgenden weitergebe:

»Ich bin in Lucknow in Indien geboren und aufgewachsen. Meine ganze Familie waren Sikhs, wenn auch keine besonders strengen. Als ich 20 Jahre alt war, arrangierte mein Vater über einen guten Bekannten meine Heirat mit einem christlichen jungen Mann. Er wie auch seine Familie waren jedoch lediglich Namenschristen, und wir gingen nur bei besonderen Anlässen zur Kirche. Zwei Jahre lebte ich mit seiner Familie zusammen und ordnete mich in allen Dingen unter, denn ich respektierte jede Religion. Als wir vor elf Jahren nach England kamen, ging ich mit meinem Schwager und dessen Familie zur Kirche.

Dann aber, im Jahr 1981, besuchten uns zwei Mormonen-Missionare in unserem Haus. Wir waren von dem, was sie sagten, sehr beeindruckt und fingen an, ihre Kirche zu besuchen. Wenn wir einmal einen Gottesdienst versäumten, kamen sofort irgendwelche Gemeindeglieder und ermahnten uns, regelmäßig die Zusammenkünfte zu besuchen.

Doch das Ganze dauerte nicht lange. Die Tante meines Mannes war aus Indien zu Besuch gekommen und wohnte bei uns. Sie hatte von Schwester Gulshan gehört und wollte sie unbedingt persönlich kennenlernen, ehe sie wieder nach Indien zurückflog. So lud ich Schwester Gulshan in unser Haus ein, war aber selber zu beschäftigt, um bei der Zusammenkunft dabeizusein. Ich ging statt dessen wie gewohnt zur Arbeit. Eines Tages traf ich beim Einkaufen Susan und Schwester Gulshan. Sie luden mich zu ihrem Hauskreisabend am Mittwoch ein. Ich folgte der Einladung, und als die anderen Besucher gegangen waren, unterhielt ich mich mit Schwester Gulshan über die Glaubensüberzeugungen der Mormonen, von denen ich sehr angetan war. Sie erklärte mir, daß die Mormonen keine rechtgläubigen Christen im eigentlichen Sinn und auch keine amerikanische Form von evangelikalen Gläubigen sind. Man sollte sie eher als eine neu-religiöse Bewegung betrachten, die zwar eine gewisse Ehrerbietung Jesus Christus gegenüber an den Tag legt, aber ihre Glaubensüberzeugungen mehr aus dem *Buch Mormon* als aus der Bibel und dem apostolischen Glaubensbekenntnis bezieht.

Später kaufte ich mir ein Exemplar des Buches *Der Schleier zerriß* und las Schwester Gulshans ergreifendes Zeugnis. Was mich daran besonders beeindruckte, war die Verheißung Jesu, daß er wieder auf diese Erde zurückkommen werde. Ich hatte mich persönlich noch nie sehr tief mit religiösen Wahrheiten auseinandergesetzt, sondern immer nur das geglaubt, was andere mir erzählten. Plötzlich jedoch fing ich an, Dinge zu begreifen, die mir bis jetzt völlig unverständlich erschienen waren.

Es wurde mir klar, daß nur ein lebendiger Jesus auf diese Erde zurückkommen kann. Und wenn er lebt, ist er auch in der Lage, meine Gebete zu erhören. Er ist in der Lage, mir meine Sünden zu vergeben, so wie er es bei den Menschen im 1. Jahrhundert getan hat, die seine Botschaft annahmen, und er kann mir ewiges Leben schenken, das bereits hier und jetzt anfängt. Als ich über all diese Dinge nachdachte, kam ich zu dem Schluß, daß er tatsächlich der Sohn Gottes sein muß. Kein Mensch, und sei er noch so groß, kann so etwas tun. Alle anderen Religionsstifter sind bereits lange tot, und nur ihre Worte sind erhalten geblieben. Jesus starb und stand wieder auf. Er lebt heute. Ich kann hier und jetzt eine persönliche Beziehung zu ihm haben. Er ist wahrhaftig der Retter der Welt, was kein noch so großer Prophet oder Lehrer je sein konnte. Ich, die bis jetzt blindlings der Führung anderer Menschen gefolgt war, wurde plötzlich von diesen Wahrheiten ergriffen und von meiner Sünde überführt. Ich wußte nun, an wen ich glauben und wem ich mein Leben übergeben mußte.

Eine große Sehnsucht erfüllte mich, mehr über Gottes Wort zu wissen. Meine Schwägerin kaufte mir eine Bibel, und ich fing an, täglich darin zu lesen. Meine Erkenntnis nahm ständig zu, während ich zu Schwester Gulshans Füßen saß und zuhörte, wie sie sie mir erklärte. Sie kam mir vor wie speziell von Gott zu meiner Unterweisung gesandt. Vorher glich ich dem verlorenen Schaf, aber Gott wollte, daß ich zu seiner Herde gehören sollte, und er gebrauchte Schwester Gulshan, um mich hereinzubringen. Es dauerte nicht lange, bis ich anfing, ebenfalls die St. Andrew's-Gemeinde zu besuchen und dort meinem Herrn und Heiland Jesus Christus zu dienen. Im April 1990 wurde ich getauft, und damit begann ein völlig neues Leben.«

Soweit Nirmalas Bericht. Zeugnisse dieser Art gaben mir immer wieder neuen Mut, mit meiner Arbeit fortzufahren. Sie ließen mich zudem einen Einblick in die Worte Jesu gewinnen, der gesagt hat: »Ich sage euch, es ist Freude vor den Engeln im Himmel über einen Sünder, der Buße tut.«

Als mein Buch vor fünf Jahren herauskam, wurde es vom Verlag als »erfolgreich« gewertet. Neben den vielen Tausenden Exemplaren, die hier in England verkauft worden sind, wurde es in sieben anderen Sprachen veröffentlicht. Ich stellte fest, daß immer mehr Menschen das Buch lasen und anschließend versuchten, durch den Verlag Kontakt mit mir aufzunehmen. Auch aus dem Ausland bekam ich zunehmend Einladungen. Im November 1988 erhielt ich Besuch von einem Filmproduzenten aus Holland, der gerne in Pakistan einen Film drehen wollte. Leider mußte ich jedoch alle diese Einladungen aus ein und demselben Grund ablehnen: Ich hatte keinen Paß, denn der lag beim Innenministerium.

Im März 1989 erhielt ich ein amtliches Schreiben, in dem es klipp und klar hieß: »Sie besitzen keine Aufenthaltsgenehmigung hier in diesem Land. Aus diesem Grunde müssen Sie in zwei Wochen nach Pakistan zurückkehren.« Dem Brief war ein Formular beigefügt, auf dem verschiedene Fragen standen, wie z. B.: Sind Sie als Evangelist tätig? Haben Sie ein Buch geschrieben? Woher kommt Ihr Lebensunterhalt? Werden Sie privatärztlich behandelt oder von der staatlichen Gesundheitsfürsorge? Wer pflegt Sie? …

Obwohl ich seit einiger Zeit regelmäßig Englischunterricht nahm, beherrschte ich die Sprache noch nicht gut genug, um all diese Fragen richtig beantworten zu können. Ich brauchte dazu unbedingt Hilfe. Früher wäre ich in solchen Fällen zum Pastor der asiatischen Gemeinde gegangen. Er war ein Experte in solchen Dingen und immer bereit, Menschen zu helfen, die zu ihm kamen. Doch so, wie die Dinge lagen, konnte ich mich natürlich nicht an ihn wenden.

Nach meiner Gewohnheit nahm ich den Brief und breitete ihn vor Jesus aus. »Herr«, betete ich, »hilf mir bitte, jemand zu finden, der diese Fragen für mich beantworten kann, damit ich meinen Paß wiederbekomme. Du hast mich 1985 trotz meiner Schwachheit aufgefordert, hierherzukommen, und ich bin dir gehorsam gewesen. Von Tag zu Tag habe ich erleben dürfen, wie es mir besser ging, und bin ein lebendiges Zeugnis deiner Güte und Freundlichkeit. Aber jetzt scheint es, als wolle sich diese Tür schließen. Die Behörden drängen mich, nach Pakistan zurückzukehren. Herr, du weißt alle Dinge. Bitte, zeige mir deinen Willen!« Mit diesen Worten legte ich das ganze Problem in Jesu Hände.

Susan hatte am 18. März Geburtstag, und ich wollte ihn gerne groß feiern. Doch sie protestierte: »Kümmere dich bitte nicht um meinen Geburtstag! Wir haben wirklich wichtigere Dinge zu bedenken. Wenn du diese Fragen nicht beantwortest und deinen Paß nicht wiederbekommst, wirst du ausgewiesen. Was soll dann das Ganze?« Aber mein Entschluß stand fest. »Wir feiern deinen Geburtstag – ganz egal, auch wenn es der letzte sein sollte.« Ich lud fünfzig Gäste dazu ein.

Susan machte sich indessen größere Sorgen, als ich ahnte. Den ganzen Tag über betete sie ununterbrochen, bei der Arbeit, auf dem Weg dorthin und auf dem Weg zurück. Mein ständiges Gebet war: »Herr, du kennst meine Situation besser als jeder andere. Du kennst mich inwendig und auswendig. Ich werde keinen Menschen um Hilfe bitten. Hilf du mir! Ich bin vollkommen von dir abhängig.« Eine ganze Woche lang betete ich in dieser Weise. Eines Abends, als ich bereits im Bett lag, kam mir ganz plötzlich der Name Goa in den Sinn. »Bitte Goa um Hilfe«, hieß es klar und deutlich.

Goa war ein Hindu. »Merkwürdig«, dachte ich, »daß Jesus ausgerechnet einen Hindu benutzen will, um mir zu helfen.«

Am nächsten Morgen berichtete ich Susan davon. Sie rief umgehend ihren Vater an und erkundigte sich nach Goas Telefonnummer. Goa war ein Freund ihres Vaters, ein pensionierter Lehrer. Ohne lange zu überlegen, sagte er seine Hilfe zu. Am gleichen Abend, als wir unseren Hauskreis abhielten, stand er bereits vor der Tür. Während wir beteten, füllte er das Formular aus und erklärte in einem Begleitschreiben, weshalb ich nicht früher geantwortet hatte. Pfarrer John Samways von der St. Andrew's-Gemeinde schrieb ebenfalls einen Brief, in dem er meinen Antrag auf permanenten Wohnsitz in Großbritannien unterstützte.

Zwei Wochen später läutete eines Morgens früh der Postbote an der Tür. Susan »schaltete« sofort. »Das muß der Paß sein!« rief sie aufgeregt und lief, noch im Morgenrock, zur Tür. Doch der Postbote hatte bereits eine Karte eingeworfen und war weitergegangen. Susan rannte hinter ihm her.

»Ach, da sind Sie ja«, meinte er fröhlich. »Ich habe ein Einschreibepäckchen für Sie.« Damit reichte er Susan den länglichen braunen Umschlag. Zu unserer großen Freude war es tatsächlich mein Paß, dazu ein Schreiben, in dem ich aufgefordert wurde, permanenten Aufenthalt zu beantragen. Im kommenden Jahr, 1990, würde ich mich dann um einen britischen Paß bemühen können. Es war für mich ein komplettes Wunder. Alle Wege standen mir zum Dienst offen, Jesus hatte wirklich sein Versprechen gehalten. Nun lag es an mir, treu zu sein und seine Botschaft dorthin zu tragen, wohin er mich führte.

Gleich am nächsten Tag erhielt ich eine Einladung nach Jersey. »Bitte, kommen Sie uns besuchen«, hieß es in dem Brief. »Viele von unseren Leuten haben Ihr Buch gelesen und brennen darauf, Sie kennenzulernen.« Mit Freuden nahm ich diese Einladung, die einen ganz neuen Abschnitt in meinem Dienst einläutete, an. Am 10. Juni 1989 bestieg ich mit Susan die Fähre. Ich war noch nie auf einer Fähre gewesen, aber das, was ich sah, faszinierte mich. Innen war alles sehr schön und gut eingerichtet. Auf Stockbetten in einer Kabine zu schlafen, war eine ganz neue Erfahrung für mich. Es fehlte mir jedoch der Mut, auf das obere Bett zu klettern, das ich bereitwillig Susan überließ.

Die Nachtfähre war überfüllt, und wir blieben noch lange an Deck, standen an der Reling und blickten hinaus aufs Meer. Ich fühlte mich total entspannt; alle meine Sorgen waren wie weggeblasen. Der Himmel kam mir ganz besonders schön vor. Ich schaute auf das Wasser und fragte mich, was wäre, wenn Jesus mir plötzlich hier auf dem Wasser entgegenkommen würde, so wie damals, als die Jünger sich in einem Boot auf dem See Genezareth befanden. Das wäre natürlich wunderbar, aber ich wußte auch so, daß er immer bei mir war, selbst wenn ich ihn nicht sah.

Allein diese Reise war ein offensichtlicher Beweis seiner Gegenwart. Als Jesus sagte: »Trachtet zuerst nach dem Reich Gottes und nach seiner Gerechtigkeit, so wird euch dies alles hinzugefügt werden«, da meinte er wirklich *alles*. Hier waren wir beide, Susan und ich, mit gerade soviel Geld, daß es zum Leben reichte, aber trotzdem gut angezogen und in der Lage zu reisen, weil Gott durch seine Kinder in Jersey für uns gesorgt hatte. Welche Freude zu wissen, daß es im Himmel weitaus schöner sein wird, wenn er, der Herr selbst, die Quelle unseres ständigen Glückes ist. Weder Essen und Trinken, noch Kleidung, noch Reisen werden dann wichtig sein, sondern er allein, und unsere Seele wird sich an ihm sättigen. Es wurde mir wieder ganz neu bewußt, wie wichtig es ist, schon jetzt unseren Wandel mit Jesus zu beginnen, damit er uns am Ende unserer Reise persönlich in Empfang nehmen kann.

Am Sonntag morgen gegen 8 Uhr kamen wir in Jersey an. Durch unsere pakistanische Kleidung erregten wir nicht geringe Aufmerksamkeit. Ich war mittlerweile in der Lage, ohne Stock zu gehen, wenn auch nur langsam. Jemand wollte mir einen Rollstuhl besorgen, aber ich verzichtete lieber darauf. Die anderen Passagiere strebten alle raschen Schrittes von der Fähre auf den Ausgang zu. Unsere Freunde erzählten uns später, wie besorgt sie gewesen seien, als sie uns nicht sahen. »Alle Leute sind weg. Wo bleiben sie nur? Ob sie am Ende gar nicht mitgekommen sind?« Diese und ähnliche Fragen gingen zwischen ihnen hin und her, bis sie schließlich zwei einsame Gestalten entdeckten, die im Schneckentempo auf sie zukamen. Ihre Erleichterung zeigte sich an der Art, wie sie uns mit Umarmungen und Küssen begrüßten. Ich war, gelinde gesagt, »überwältigt« von dieser typisch französischen Herzlichkeit. »Wie weit habe ich mich doch inzwischen vom *purdah* entfernt!« mußte ich lächelnd denken.

Robert, der uns eingeladen hatte, war Hafenbeamter und hatte gerade Dienst. Sein Freund Julian, ein pensionierter Richter, brachte uns zu Roberts Haus, das wunderschön im Grünen gelegen war. Wir wurden sehr herzlich von seiner Frau und seinen Kindern empfangen. »Du bist unsere Schwester in Christus!« Mit diesen Worten umarmten sie uns. Von völlig fremden Menschen als Schwester begrüßt zu werden, war für mich eine neue, wunderbare Erfahrung, die mich in meinem Glauben bestärkte, daß es in der Familie Gottes keinen Schleier mehr gibt, der uns voneinander trennt. Als Robert von der Arbeit nach Hause kam, war unsere »Familie« komplett.

Ich sollte um 18.30 Uhr in der St. John's-Kirche sprechen. Nach ein paar einführenden Worten wurden Susan und ich auf die Kanzel gebeten. Eigentlich hätte es Schwierigkeiten mit der Verständigung geben müssen, aber es gab keine. Susan übersetzte für mich, und die französischsprachige Zuhörerschaft verstand, was sie sagte. Einige der anwesenden Studenten wollten wissen, ob ich meine Familie in Pakistan nicht vermisse. »Manchmal schon«, erwiderte ich wahrheitsgemäß, »aber ich bin ja in der Familie, die Jesus mir gegeben hat, gut aufgehoben.«

Und als was für eine Familie sollten sich unsere Geschwister auf Jersey entpuppen! Jeden Tag fuhren sie mit uns zu einem anderen besonders schönen Platz auf der Insel. Die Sonne schien warm, und das Wetter war ausgezeichnet. Das hatte positive Auswirkungen auch auf mein körperliches Befinden. Ich konnte besser laufen als je zuvor, seit ich 1985 von Pakistan zurückgekommen war. Am zweiten Sonntag gab ich in einer anderen Gemeinde mein Zeugnis und sprach auch in der Frauenstunde. Es war eine Freude, die Menschen an meinen Erfahrungen mit Gott teilhaben zu lassen.

Nach einer wunderschönen Woche auf Jersey kehrten Susan und ich gestärkt nach Oxford zurück. Weitere Türen begannen sich zu öffnen. Julian, der pensionierte Richter, wohnte in der Bretagne, und von dort kam die nächste Einladung. Am 20. August bestiegen wir um 8 Uhr morgens den Bus, der uns nach Frankreich bringen sollte. Wir wurden von Julian, seiner Frau und zwei Freunden mit großer Herzlichkeit begrüßt. Diesmal machte sich Julian keine Sorgen, als er uns nicht sofort in der Menge der Passagiere entdeckte. Er wußte ja, was zu erwarten war, und tatsächlich kamen wir wieder weit hinter den anderen hergeschlichen. Nachdem wir einige Fragen der französischen Beamten über den Zweck unseres Besuches beantwortet hatten, machten wir uns auf den Weg zu Julians Haus.

Unterwegs hielten wir am Haus eines Freundes an, um Kaffee zu trinken. Der 16jährige Sohn, der mein Buch gelesen hatte, freute sich riesig. »Wenn ich am Montag wieder in die Schule komme, werde ich all meinen Kameraden erzählen, daß ich die Frau aus dem ›Schleier‹ kennengelernt habe«, sagte er fröhlich. Drei Stunden später erreichten wir Julians Haus, ein großes Gebäude mit sechs Schlafräumen. Susan und ich erhielten jede ein eigenes Zimmer. Nach einer guten, erholsamen Nacht lernten wir am nächsten Morgen Julians große Familie – er hatte zehn Kinder und eine Menge Enkelkinder – kennen.

Um 11 Uhr versammelten wir uns zum Gottesdienst in der Pfingstgemeinde. Susan übersetzte meinen auf Urdu gehaltenen Vortrag zunächst ins Englische, und dann übersetzten Julian und ein anderer Mann abwechselnd auf Französisch. Es war das erste Mal, daß ich zwei Übersetzer brauchte, aber meine Zuhörer waren wirklich geduldig. Geschlagene vier Stunden lang saßen sie mucksmäuschenstill und hörten aufmerksam zu, bis auf ein gelegentliches »Halleluja« oder »Preis dem Herrn!« Vielleicht waren sie ja auch solche langen Gottesdienste gewohnt. Pfingstler haben es nie eilig, von der Versammlung nach Hause zu kommen!

Nach dem Gottesdienst fuhren wir zum Pastor nach Hause. Er wohnte in einem gediegen eingerichteten Haus mit wunderschönen Spiegeln und Pflanzen überall. Er und seine Frau waren kinderlos. Der Pastor mußte die meiste Zeit im Bett zubringen. Er hatte Krebs in den Augenhöhlen, und die Ärzte gaben ihm nicht mehr lange zu leben. Er hatte schreckliche Angst vor dem Tod. Mir tat er sehr leid. Gewiß mußte es schwer sein für einen Mann in seiner Position, seine Gemeindeglieder mit der Hoffnung auf das ewige Leben zu ermutigen und selber solche Angst vor dem Tod zu haben.

Es war mir ein Anliegen, ihn zu trösten, indem ich ihn an die Worte Jesu in Johannes 14,2-3 erinnerte:

> »Im Hause meines Vaters sind viele Wohnungen. Wenn es nicht so wäre, würde ich es euch gesagt haben; denn ich gehe hin, euch eine Stätte zu bereiten. Und wenn ich hingehe und euch eine Stätte bereite, so komme ich wieder und werde euch zu mir nehmen, damit auch ihr seid, wo ich bin.«

Dann sagte ich zu ihm: »Im Himmel wartet ein wunderschönes Haus auf Sie. Warum haben Sie solche Angst? Ihr Leben liegt in der Hand Jesu, nicht in der des Arztes. Die Ärzte können nur überprüfen, ob Ihr Körper in Ordnung ist, und bei Bedarf unterstützende Medikamente verschreiben. Aber Jesus ist der Herr Ihres Lebens. Er ist Ihr wahrer Arzt. Überlassen Sie sich einfach ihm. Sie brauchen keine Angst zu haben. Manchmal verzichtet er total auf die Hilfe des Arztes. Bitten Sie ihn, Ihre Not zu beheben. Sehen Sie mich an! Am 4. September 1984 bekam ich mitten in der Nacht einen Schlaganfall. Man konnte mich nicht ins Krankenhaus bringen, weil es wie aus Eimern schüttete. Ich wäre beinahe gestorben, und der Arzt machte uns keine großen Hoffnungen. Aber wie Sie sehen, kann ich heute wieder laufen, und es geht mir von Tag zu Tag besser. Ich habe die ganze Sache einfach in die Hände Jesu gelegt. Er hat die Kontrolle über mein Leben. Sie sind Pastor, und Sie predigen den Menschen Gottes Wort. Aber Sie müssen zuallererst selbst an Jesus glauben, ehe Sie diesen Glauben anderen weitergeben können. Öffnen Sie Ihr Herz weit für den Herrn. Ihre Krankheit ist eine Kleinigkeit für ihn. Er kann auch Krebs heilen, wenn es sein Wille ist. Wenn er Sie aber zu sich holen will, bekommen Sie im Himmel ein viel schöneres Haus als hier unten. Hängen Sie sich bloß nicht zu sehr an Ihren irdischen Besitz. Wenn Gott Sie abruft, wird er selber für Ihre Familie sorgen. Sie dürfen ihm wirklich vertrauen. Wollen Sie das? Wenn ja, will ich gerne für Sie beten. Ich möchte Sie aber auf keinen Fall zu irgend etwas drängen.«

Julian übersetzte dem Pastor genau meine Worte, und dieser zeigte sich bereit, mit sich beten zu lassen. Noch ehe wir abreisten, berichtete er uns, seine Angst sei gewichen und er habe nun Frieden im Herzen. Er hatte seine Not auf Jesus geworfen, der versprochen hat, uns Ruhe für unsere Seelen zu geben, wenn wir sein Joch auf uns nehmen und bereit sind, von ihm zu lernen (Matthäus 11,29).

Heute, während ich dieses schreibe, ist der Pastor lebendig und erfreut sich bester Gesundheit.

Nach dreitägigem Aufenthalt bei Julian fuhren wir nach St. Malo weiter, wo wir bei dem Pflegedienstleiter des örtlichen Krankenhauses wohnten. Sein Haus lag am Berg mit Blick aufs Meer in einer wunderschönen Landschaft. Obwohl wir siebzehn Stufen bis zur Haustür hinaufklettern mußten, wurden wir durch den herrlichen Ausblick reichlich belohnt.

Francis, ein Freund von Julian, war Junggeselle und lebte mit seiner Mutter und zwei Nichten zusammen. Die Gegend war wegen ihres Fischreichtums berühmt, und wir genossen die köstlichen Fischgerichte, die seine Mutter für uns zubereitete. Die schnellen Fahrten auf den kurvenreichen Straßen waren weniger angenehm, wenn es auch immer wieder atemberaubende Ausblicke gab.

Von St. Malo fuhren wir mit dem Zug nach Paris weiter. Lena, eine moslemische Frau aus Algerien, hatte mein Buch gelesen und wollte mich unbedingt kennenlernen. Sie war behindert, und Julian hatte ihr versprochen, ich würde sie besuchen, wenn ich nach Frankreich käme. Lenas Mutter und Schwester hatten sich vor beinahe drei Jahren bekehrt, nachdem sie mein Buch gelesen hatten. Als wir dort ankamen, stellten wir fest, daß sie einige ihrer moslemischen Verwandten eingeladen hatte, in der Hoffnung, sie würden von meinem Zeugnis und meiner Botschaft beeindruckt sein. Wir hatten zunächst an drei aufeinanderfolgenden Abenden Zusammenkünfte in ihrem Haus und anschließend zwei Versammlungen in der pfingstlich ausgerichteten Gemeinde Gottes. Julian betätigte sich als mein Übersetzer.

Lena und ihre Schwester fuhren mit uns kreuz und quer durch Paris und ließen uns so einen kleinen Einblick in diese interessante, geschichtsträchtige Stadt gewinnen. Wir konnten es uns nicht verkneifen, an einem Kiosk einen Miniatur-Eiffelturm zu erstehen – als Erinnerung an unseren ersten Besuch in der berühmten Seinestadt.

Mit stark erweitertem Horizont kehrten wir nach Oxford zurück, voller Freude und Dankbarkeit über die Güte unseres Herrn, der uns die Möglichkeit geschenkt hatte, mehr von seiner wunderbaren Schöpfung zu sehen, die wir normalerweise nie gehabt hätten.

Im März 1990 lag eines Morgens ein Brief aus Marseille in unserem Briefkasten. Als ich ihn öffnete, stellte ich fest, daß er bereits im Dezember 1989 geschrieben und abgeschickt worden war. Der Postbote hatte ihn versehentlich bei unserem Nachbarn eingeworfen, und der war zwei Monate lang im Krankenhaus gewesen. So konnte es nicht überraschen, daß François, der Verfasser des Briefes, sich beim Anruf meiner Englischlehrerin Jane sehr enttäuscht und traurig zeigte, weil er meinte, ich hätte sein Schreiben ignoriert. In dem Brief hatte es geheißen: »Kommen Sie uns bitte bald besuchen. Viele aus unserer Gemeinde haben Ihr Buch gelesen und brennen darauf, für unseren Herrn Jesus Christus zu arbeiten.«

François, ebenfalls Junggeselle, war der verantwortliche Leiter einer Brüdergemeinde, die vier Außenstationen besaß. Er freute sich sehr, als ich ihm versicherte, ich würde gerne seiner Gemeinde in Marseille einen Besuch abstatten. Weil ich jedoch einen vollen Terminkalender mit vielen verschiedenen Diensten hatte, erklärte ich ihm, daß ich nicht sofort kommen könne. Außerdem müsse ich als erstes Jesus um Erlaubnis fragen, da ich nirgendwo hinführe, ohne genau zu wissen, daß es sein Wille sei. Verschiedene Leute aus seiner Gemeinde schrieben mir ebenfalls Briefe, in denen sie mich baten zu kommen, aber wir waren uns alle einig, zunächst abzuwarten, was der Herr dazu sagen würde.

Endlich war das »Ja« von oben da, und im Juni 1990 schickte mir die Gemeinde aus Marseille zwei Flugtickets zusammen mit einem offiziellen Einladungsschreiben. Mein Versuch, ein Visum für Frankreich zu erhalten, scheiterte zweimal. Das erste Mal, als ich die Französische Botschaft aufsuchte, wollte sich die Botschafterin nicht mit den Briefen, die ich erhalten hatte, zufriedengeben, sondern verlangte einen Bankauszug von mir. Als wir eine Woche später mit Susans und Janes Kontoauszügen wiederkamen, wollte sie mir immer noch kein Visum ausstellen, sondern verlangte nunmehr eine Bürgschaft von meinem Verleger. Noch am gleichen Tag ging ich zum französischen Flugbüro und buchte mittels der von Marseille geschickten Tickets zwei Sitzplätze für Susan und mich.

Jane war entsetzt. »Was machst du bloß!« jammerte sie. »Du kannst doch nicht einfach ohne Visum fliegen! Man wird dich garantiert zurückschicken!« Als sie und ihr Mann Susan und mich am darauffolgenden Samstag morgen nach London zum Flughafen brachten, war ihnen ihre große Sorge anzumerken. Sie erwarteten allen Ernstes, daß man uns mit der nächsten Maschine nach Hause schicken würde. Auch Susan war besorgt. »Wir haben nicht einmal ein Foto von den Leuten, die uns eingeladen haben«, seufzte sie. »Was wird da in Marseille auf uns zukommen?« Bevor wir abflogen, sagte Jane zu Susan: »Ruf mich bitte sofort an, wenn ihr in Marseille seid, egal, wie spät es ist. Ich werde kein Auge zutun, wenn ich nicht weiß, ob alles gutgegangen ist.«

Ihre Anteilnahme war wirklich rührend, aber ich wußte in meinem Herzen, daß, sollte es wirklich Probleme geben, diese gelöst werden würden. Mit großer Ruhe stieg ich in die französische Maschine ein. Es war ein verhältnismäßig kleines Flugzeug, gefiel mir aber wesentlich besser als die großen Jumbos, mit denen ich von und nach Pakistan geflogen war.

In Marseille angekommen, strebte alles sofort der Paßkontrolle zu. Diejenigen mit britischen oder französischen Pässen hatten keinerlei Schwierigkeiten. Als Susan und ich die Sperre erreichten, war niemand mehr da außer zwei Polizisten und einem Paßbeamten. Susan, die einen britischen Paß besaß, wurde ohne weiteres durchgelassen, und ich stand ganz allein da. Der Beamte, dem ich meinen pakistanischen Paß reichte, zeigte sich überrascht, daß kein Visum eingestempelt war. »Wo ist Ihr Visum?« erkundigte er sich. Es herrschte ein großes Durcheinander. Susan versuchte, ihm die Sache auf Englisch klarzumachen. Ich sprach Urdu. Der Beamte verstand aber nur Französisch und sagte immer wieder: »Kein Englisch, bitte.«

Endlich gelang es ihm, ein paar Leute aufzutreiben, die Englisch sprachen. Durch die Glasscheibe sahen wir draußen François und etliche andere stehen, die Schilder mit unseren Namen in die Höhe hielten – Susan und Schwester Gulshan. Sie konnten sich ganz offensichtlich keinen Reim aus der Sache machen. Nach einer Viertelstunde forderte der Beamte mich auf: »Kommen Sie mit!« Er führte mich in sein Büro. Die Dame, die dort saß, verstand zum Glück Englisch. Susan erklärte ihr den Zweck unseres Besuches und zeigte ihr die Einladungsschreiben von François und den anderen. Daraufhin wurde François hereingerufen. Innerhalb weniger Minuten hatte ich die Erlaubnis, 14 Tage in Marseille bleiben zu dürfen! Wieder einmal hatte sich mein Glaube an Jesus bewährt, Gott sei Dank!

François und seine Eltern wohnten Tür an Tür auf einem Berg in wunderschöner Umgebung. Hinter seinem Haus erstreckten sich weitere Hügel und Berge. Susan war noch nie in den Bergen gewesen und konnte sich nicht satt sehen an der herrlichen Landschaft. Wir durften in einer voll eingerichteten Wohnung im Souterrain wohnen. Jeden Morgen begrüßte uns François' Mutter, die von allen liebevoll »Mama« genannt wurde, mit einem herzlichen Kuß. François' Vater betätigte sich meistens als Chauffeur. Er besaß drei Autos und fuhr am liebsten schnell. Jedesmal, wenn er uns zu einer Versammlung brachte, betete ich inbrünstig um Bewahrung!

Zwischen den verschiedenen Gottesdiensten machten wir Ausflüge in die Umgebung und erfreuten uns am Anblick der herrlichen Obstplantagen und Blumengärten, die im Sonnenlicht glänzten. Gottes wunderbare Schöpfung grüßte uns in ihrer ganzen Pracht. Ein Erlebnis ist mir unvergeßlich geblieben, nämlich als ich ganz allein auf den Berg steigen konnte, um dort ungestört zu beten. Es war für mich ein Vorrecht, das gleiche zu tun, was Jesus vor beinahe zweitausend Jahren getan hatte. Wie still und friedlich war es hier oben! Das einzige Geräusch, das man hörte, war ein gelegentliches Bellen der beiden Hunde, die unserem Gastgeber gehörten. Der Postbote kam nur einmal am Tag. Das Wetter war ausgezeichnet. Alles schien dazu angetan, mein körperliches und geistliches Wohlbefinden zu fördern. Wenn ich abends im Schein von Mond und Sternen spazierenging, fühlte ich mich manchmal nach Pakistan in unseren schönen Garten zurückversetzt.

Unsere Zeit war mit Bibel- und Gebetsstunden ausgefüllt, und viele Menschen nahmen Jesus als ihren persönlichen Herrn und Heiland an, nachdem sie mein Zeugnis gehört hatten. Zweimal konnte ich über Radio predigen, einmal über einen arabischen Rundfunksender, das andere Mal über einen katholischen. An einem bestimmten Tag verbrachte ich zwei Stunden im christlichen Buchladen, um Autogramme in mein Buch zu schreiben. Einhundert Exemplare wurden allein in dieser kurzen Zeit verkauft.

Susan und ich kehrten mit einer generellen Einladung unserer Freunde in Marseille nach England zurück, sie jederzeit wieder besuchen zu dürfen. Einige von ihnen sind mittlerweile bei uns in Oxford gewesen, und es hat sich zwischen uns eine enge und herzliche Freundschaft entwickelt. Wie schön ist es, in seinem eigenen Heim Gäste beherbergen zu können. Jedesmal, wenn wir aus dem Ausland zurückkommen, bin ich von Herzen dankbar dafür, wieder »zu Hause« zu sein. Für manche mag es überraschend klingen, daß ich anfange, mich wirklich in England zu Hause zu fühlen. Als ich zum dritten Mal von Pakistan abflog, hätte ich das selbst nicht für möglich gehalten.

Ich weiß noch genau, wie versucht ich damals nach meinem Schlaganfall war, in Pakistan zu bleiben und mir mit meinen Adoptivkindern eine neue Existenz aufzubauen. »Ma-ji«, hatten sie gefragt, »mußt du wirklich nach England zurück? Warum bleibst du nicht lieber bei uns? Wir können dich doch pflegen. Hier bist du unter Menschen, die dich liebhaben. Auch wenn wir nicht immer einer Meinung sind, haben wir uns im Grunde unseres Herzens doch lieb. Aber dort drüben in England sind die

Menschen dir gegenüber bestimmt mißtrauisch. Sie können dich unmöglich so liebhaben wie wir.« Auf diese Weise hatten meine Kinder mit mir argumentiert und versucht, mich zum Bleiben zu überreden.

Ihre tiefe Zuneigung, gepaart mit dem Gefühl der Geborgenheit in einer mir vertrauten Umgebung – die Laute von Vögeln und Tieren, die liebe Erinnerungen wachriefen, der köstliche Geschmack tropischer Früchte usw. trugen dazu bei, mich zu überzeugen, daß Pakistan der Platz war, wo ich hingehörte und bleiben sollte. Das Gefühl der Geborgenheit, das uns alle erfüllt, wenn wir uns irgendwo fest verankert wissen, läßt uns einen Frieden verspüren, der selbst große Stürme, wie sie das Leben mit all seiner Tragik nun einmal mit sich bringt, überstehen hilft. Sobald der Anker jedoch gelichtet wird, spürt man, wie aufgewühlt und stürmisch die See ist. So hatte ich zumindest die erste Zeit empfunden, nachdem ich zum dritten Mal von Pakistan nach England geflogen war. Doch jetzt merkte ich langsam, wie ein neuer Anker in meinem Leben geschmiedet wurde, wenn mir im Grunde auch klar war, daß ich nur ein Pilger auf dieser Erde war, dessen eigentliche Heimat der Himmel ist.

Ich bin an einem Punkt meines Lebens angelangt, an dem ich, wenn ich über die letzten zwanzig Jahre nachdenke, am liebsten mit dem Apostel Paulus ausrufen möchte: »Ich habe Lust, abzuscheiden und bei Christus zu sein, denn es ist weit besser; aber das Bleiben im Fleisch ist nötiger um euretwillen« (Philipper 1,23-24).

Wie lange es nötig ist, hier auf dieser Erde zu bleiben, entscheidet allein der Herr Jesus Christus. Mein Leben liegt in seiner Hand – nicht erst seit heute, sondern seit jenem Tag im Januar des Jahres 1971, als er mich gesund gemacht und mir den Auftrag gegeben hat, ein Zeuge seiner rettenden Gnade zu sein. Nach 19 Jahren als Krüppel und 20 Jahren als »wandelndes Wunder« kann ich sagen, daß ich Gottes Botschaft auf vielerlei Weise in zahlreiche Länder und Städte, bekannt und unbekannt, getragen habe, wodurch meine christliche Familie über alle Erwartungen hinaus gewachsen ist. Vielleicht werde ich viele, denen ich hier begegnet bin, nie wiedersehen, aber ich weiß, daß wir uns einmal dort oben im ewigen Licht wiedersehen werden, wo wir ihn, den unsere Seele liebt, von Angesicht zu Angesicht schauen dürfen. Dann werden wir mit der unzählbaren Schar vor Gottes Thron stehen und ausrufen: »Das Heil unserem Gott, der auf dem Thron sitzt, und dem Lamm!« Wir werden die Engel auf ihr Angesicht fallen sehen und hören, wie sie Gott mit den Worten anbeten: »Amen! Lobpreis und Herrlichkeit und Weisheit und Danksagung und Ehre und Macht und Stärke unserem Gott in alle Ewigkeit! Amen.«

Im Januar 1991